家的夢想無限大

大家房屋的經營哲學

大家房屋 著

GREAT HOME REALTY

序／來大家，找到安身立命與自我成就的家

陳錫琮（住商機構　大家房屋董事長）

七年，對於一個新品牌並不容易，可是，我們做到了。

許多同業與消費者都知道，大家房屋和住商不動產皆同屬於住商機構旗下。七年前，全臺有約莫六千家不動產經紀業，但我們聽到許多創業者期待協助的聲音，在審慎評估考慮下，為了讓更多創業者受惠，同時提升產業素質，才有了「大家房屋」這個新品牌的誕生。

因為在住商機構這個大家族，新品牌上路之時，基於住商不動產四十年加盟事業經驗的協助，以及住商不動產店東長們的無

私分享，使得大家房屋在立業之初，並不需要經過太多磨合，比起其他新品牌有更多資源與支援，進而迅速成長茁壯。同時，在住商機構「供貨型總部」的思維下，縱然面對二〇一六年房地合一上路的整體市場調整期，大家房屋依舊能順利站穩腳步，寫下耀眼的好成績。

二〇二一年，大家房屋更以黑馬之姿，店數躋身臺灣不動產經紀業前十大品牌。

回顧這一路，大家房屋從零到有，並非偶然。這來自於住商「立業以德」的企業理念，以及住商店東們共好、利他的本心。基於此，我們吸引了一群擁有理想、不畏挑戰的大家店東們一起奮鬥，他們抱持著理想，期待能讓大家房屋品牌發光發亮的無私，還有身體力行，做出典範的努力，著實讓我非常感動，這也讓大家房屋突破百家店的規模，快速誕生了數個億元團隊，以及多位千萬經紀人，在同業間形成一股「紫色旋風」等種種現象，都是水到渠成。

更感動的是，在此同時，大家夥伴們並未因此對服務懈怠，根據這七年來的服務回函統計，超過九十八％的客戶對大家房屋同仁的服務表示滿意，且願意日後有買賣交易相關需求，再次委託給我們的夥伴。

這也讓我們思考，是應該要讓大家房屋，在眾人驚豔的同時，留下許多值得記憶和感動的事。

所以我們從業績表現、客戶服務等標準，透過內部嚴格遴選，邀請大家房屋體系內足堪典範的二十一位優質店東，不僅讓他們說說自己的創業故事、心路歷程，我們希望他們無私分享他們的管理心法，組織經營，更希望能透過他們的故事，影響更多的人，帶動不動產經紀業的自覺，形成善的循環。

七年前，大家房屋第一波廣告的主軸是「來大家，找到家」，這七年來，我們服務了無數客戶，讓他們在大家找到理想的家。下一步，我們更希望正派經營、志同道合的夥伴，來到大家，不僅為自己和客戶找到安身立命的家，更能在這裡，找到自我成就的家。

未來，我們期待更多傑出夥伴的加入，提供更優秀服務，讓大家不僅是一個品牌，更是一個光榮！

前言

大家房屋編輯群

這是一本二十一位成功經營者的創業故事集，更是一本集結成功個案，讓有志踏入不動產經紀業的創業者，想要進入成功之門的營運軌跡說明書。

不動產經紀業是「人」與「信任」的產業，基於此，我們將創業成功特質分為客戶經營、團隊合作、友善社區以及誠實專業等四個項目，這二十一位成功經營者皆是深具此四類特質的優秀菁英，但為了更強化讀者的印象，我們藉由他們的分享，把個案做分類，讓這些特質更為鮮活，也希望透過這些故事，轉化民眾長期對不動產經紀業者產生的誤解。

第一個部分，我們將不動產經紀業作為「人」的事業做更深的闡述。

我們透過桃園平鎮店林秉彥、臺中后里店洪容荃、斗六雲科大店張楷荃、屏東公園店陳宗慶、屏東東港店曾郁庭等五位店東，進入行業時來自個人、家庭、客戶的種種考驗，看他們如何自我學習與提升，揭示進入成功之路的過程。

第二個部分，我們知道擁有堅實互信的團隊，是永續經營的第一步。

因此，藉由新店安康店何俊達、臺南小東店黃啟將、松江南京店劉明田、青埔航空城店鍾武諺、新莊幸福中平店簡池羽、屏東潮州店簡健祐的團隊經營方式，無論是起於專業，或是組織再造，抑或是打造一條龍服務能力等，都對經營者有非常好的啟發。

第三個部分，是討論不動產經紀業和客戶及商圈的經營關係。

在此，我們以岡山阿公店吳庭輝、三重正義店林群皓、員林莒光店陳少逸、屏東信義、澎湖誠信店葉俞麟、臺北政大店廖永震的真實經歷，述說他們在產業裡對商圈的認真與對土地的責任，反映出不畏艱困的奮鬥人生。

最後，我們回到企業的根本，呈現誠實專業和共榮互信的產業精神。

由雙連捷運店王國榮、臺南新營店江永信、土城重劃區、土城金城店高國鈞、北大學成店黃品心和臺東四維店楊玉鄉，與客戶們共同寫下難忘的故事，展現他們在面臨人生重要決策時所付出的努力，和天道酬勤、酬誠的感動。

每一個成功故事的背後，都是不足為外人道的努力過程，期待以大家的努力，能為每一位消費者找到家；也為在產業努力中的您，或是正想要進入產業中的您，找到人生的歸宿、事業的「大家」。

目錄
CONTENTS

01

經營「人」的事業，把路走寬廣

林秉彥
桃園平鎮加盟店

洪容荃
臺中后里加盟店

張楷荃
斗六雲科大加盟店

陳宗慶
屏東公園加盟店

曾郁庭
屏東東港加盟店

越努力，越幸運。

林秉彥
桃園平鎮加盟店

以「派出所概念」深耕，將團隊訓練成社區專家

一場工安事故打亂了林秉彥的步調，躺在醫院期間，他把未來想個透澈。出院後辭職，隨即到房仲公司當業務，上班第二天就跟主管說：「請把鑰匙交給我，我來關門。」

「這是個助人的行業，業務幫助顧客、店東幫助業務。」大家房屋桃園平鎮加盟店林秉彥店東，在房仲業找到今生的使命：助人！

從第一次成交，體會誠實是不二法門

林秉彥是土生土長的中壢人，軍官父親半百得子，對他期許甚高，然而他自小貪玩，對讀書毫無興趣，只是礙於雙親要求不敢違逆。

二十九歲那年，在化工廠上班竟遇到機房電線起火瞬間閃燃，位於起火點的他傷勢嚴重，全身二十五％三度灼傷。這次意外促使他徹底轉念：「我不想再像從前，我要翻轉人生！」他自認沒學歷、沒背景、沒人脈，跑業務或許是一條路，儘管化工廠想協助他調任文書職務，他婉拒了。

康復後，林秉彥正式開啟房仲生涯。「我很怕自己起步太晚、努力不夠。預料自己常得加班，乾脆自告奮勇負責打烊，這樣就沒有時間壓力，晚上能待在公司打電話給較晚下班的客戶，或製作隔天要用的廣告。」

沒有專人帶領，他自行摸索，短短四個月帶看八十組客戶，除了拚命衝，其他一概不多想，「我不介意遇到挫折，即使失敗，也要把它轉化成經驗。」

多年後成為店東，常有新手請教「成交的第一要素是什麼？」林秉彥給出的答案是「誠實」——人無法全知全能，再認真追求專業仍可能有所不足，這時別裝懂，再去追求知識就好；人要誠實面對自己的不足，也用誠實善待你的客戶。

林秉彥的第一筆成交來得很突然，他覺得，應該和誠實有關。

某晚十點多，有位客戶進門表示想看平鎮一間房子，便相約隔天早上八點碰面。這位客戶相中的是平鎮舊大廈的樓中樓，開價很合理，於是當下決定購買，完全沒殺價，只問斡旋金該怎麼付，隨即跑去領錢。林秉彥緊張到忘記把客戶帶回店裡，他們就在機車坐墊上，一個簽斡旋書，一個點鈔票。

「事後回想，我是怎麼打動客戶的？前晚他提出許多問題，我認真回答，遇到不瞭解的，便道歉坦承不懂，立刻打電話請教

01　經營「人」的事業，把路走寬廣

前輩，再把結果轉述給對方。我覺得客戶欣賞我的誠實，就用誠意回應我。」

要求業務提早到現場，維護房子整潔

林秉彥之所以選擇當房仲業務，是因為他一直憧憬有個家，對房子很有感情。他把房仲定位在「為客戶解決問題的人」，只要誠懇用心，客戶絕對能感受到。

訓練業務的第一守則，他要求「永遠提早到現場」。若和客戶約上午十點鐘看屋，他會事先通知屋主，並在九點半就去開窗、開燈、整理環境，夏季還會先開冷氣，讓客戶看到房子最好的一面。他勉勵業務，這是對屋主與看屋者的尊重，花時間就能做好。

徵選業務時，他會要求對方深入做自我介紹。「我選人才不看學歷，但會看談吐，關心成長背景、交友狀況，以及為何想進這一行。讓我真正知道他們內心想要什麼，我才能幫上忙。」

「房仲業務很容易遇到挫折，想長久生存，自癒力要夠強！我欣賞的人格特質是勤樸和正面思考，喜歡有抱負、懂得尊重人的夥伴。不動產交易是很慎重的事，務必用真誠的態度來面對。」

林秉彥長期帶領團隊進行案例交流，業務最苦惱賣方提出悖離行情的價格。「買方想低買，賣方想高賣，這是必然現象。萬一開價太高，例如行情約八百五十萬，屋主卻堅持非一千萬不賣，我建議業務坦白告訴對方：『這定價不便宜，即使簽委託，也不代表價格合適，可能得花較長時間看能否成交。』我的團隊

不會為了拿下委託而說好聽的話，會委婉地實話實說。」

相信運氣取決於努力，深入瞭解社區

平鎮區有近百家房仲店，有別於一般店頭開在大馬路旁，吸引很多過路客，林秉彥把店開在巷弄內，經營重心放在鄰里之間，專攻附近社區。六位業務加上一位祕書，小而美的團隊，概念很像派出所：功能齊備，且是社區專家。他鼓勵業務深入瞭解住戶的生活型態，對每個社區的建築和設施要瞭若指掌，以在地深耕和永續經營為目標。

此外，他樂於提攜「學歷不高，但是志向很高」的年輕人，也願意提供機會給二度就業的婦女。除了總部的教育課程，他親自帶領新人，詳細解說接到物件後的每個流程，並在過程中灌輸正確觀念。

「我會示範如何對物件進行調查，瞭解該社區目前有多少戶在出售，藉以判斷手上的售價有沒有優勢。」

「清潔打掃是必要的，甚至可徵求屋主同意，先找人粉刷，等成交後再扣除這筆錢。」

「我要求團隊重視上架照片的品質，手機的拍照效果雖也還行，但我願意花成本聘請攝影師，透過專業的眼睛，呈現房子的美好。」

「平鎮店的業務必須親自做物件資料表，詳盡調查周邊環境。我要求大家把物件特點描述清楚，至少列出五項優點。」

「有進度才打電話回報是不對的！平鎮店團隊會持續跟屋主互動，即使眼前銷售不順利，也會讓對方知道。」

太多人說「房仲靠運氣」，林秉彥卻覺得「運氣取決於努力」。他自謙人生目標不算遠大，開店是想讓自己和同仁們一圓成交夢與成家夢。

「我終於可以說『有家真好！』與十年前的自己相比，我變得富足而幸福。」吳秉彥要把這份好運透過平鎮店，傳遞給更多人。

店東小檔案

林秉彥

大家房屋　桃園平鎮加盟店店東
手　機　0915-866-699
入行起點　二〇一〇年
座右銘　越努力，越幸運。

一切都是最好的安排。

洪容荃

臺中后里加盟店

堅信不動產是百年基業，立志開店廣結善緣

每個家庭成員都會有一把家的鑰匙，至於公司，通常只有老闆、負責開門和打烊的人會有。

在大家房屋臺中后里加盟店，形同家人不是說說而已，洪容荃店東落實家的概念，給每位成員一把公司的鑰匙，方便他們隨時回店休息，也尊重他們的工作節奏。

想早日五子登科，投入即決定創業

洪容荃是那種「想做什麼就做到極致」的個性，對於「一心想做大」的他，創業是必然。

「人生難料，爸媽希望我什麼都要會！」與其讓孩子當沙發馬鈴薯，從國一寒暑假起，洪家爸媽送他去后里馬場打工，從牽馬、刷馬做起，讓他體會勞動的可貴。洪容荃自小機靈，高中已成為馬術師，在同儕間收割一片欣羨。大學時代接觸保險業，二十歲考取保險經紀人執照，支應生活開銷已自給自足。

去建築師事務所實習時，見識到建築師養成不易，取得執照往往已年過三十。「當上建築師的成果是甜美的，然而可能要到人生比較晚才享受得到，有違我『早日五子登科』的心願。」

他想：讀建築，不蓋房子，賣房子總行吧！於是他成為房仲業務。洪家爸媽望子成龍，希望他「轉回正途」。說服老人家談何容易，他索性立下軍令狀：「如果我第一個月就成交，請讓我繼續當房仲；如果沒辦法做到，我會乖乖考執照或高普考。」

期間有位馬術師朋友想購屋，他熱心帶看，也與屋主談妥成交價。不料簽約當天屋主反悔，推翻出價重新談判，好不容易有結論，簽約前夕，屋主又變卦，堅持說好的售價不含車位。馬術師朋友感到很生氣，交易因此破局。幾天後，房仲店裡辦尾牙，洪容荃邀他以好友身分參加，並為屋主的搖擺不定向對方致歉，好朋友冰釋前嫌，酒酣耳熱之際，朋友表示真的想買那間房，洪容荃一聽，二話不說把杯盤掃開，從公事包拿出斡旋書，決定再拚一次。這回終於順利成交，朋友如願買下房子，洪容荃的雙親也同意他繼續做房仲。

對數字敏感是洪容荃的專長，他擅長從投報率切入，讓購屋者抱持信心。當他還是個小房仲，即對業績目標與獲利充分掌握，成為店東後，實踐得更加澈底，他說：「我要成全自己和同仁的夢想，還要好好照顧家人，企業不賺錢不行！」

創業前，他已替后里店勾勒出藍圖：「我想打造『我為大家』的工作氛圍，店東與員工之間不計較，業務與業務之間互助

大家房屋
GREAT HOME REALTY

互利，以誠信為中心，與客戶永久經營。」

「買屋是人生重要抉擇，需做詳細規劃。我要求業務對財務、稅金、贈與、繼承等法令，必須熟知且融會貫通，這些專業是持續教育訓練的重點。」

親力親為帶新人，工作充滿小確幸

應徵房仲業務的第一天，洪容荃向老闆報告：「我十年後要開店！」可能老天爺聽錯了，讓他四年後就開成。

「每個老手都是從新手磨練出來的，對於新人養成，我親力親為。」選才時，洪容荃最在意面試者是否孝順、家庭關係是否和諧；即使家庭破碎，為人子女也該曉得父母近況，而非一問三不知。

「我注重品行！至於性格，若願意主動協助他人，有能力從對談裡引起話題，這就是我想要的人才。」

為同仁授課時，洪容荃常引用學長勸說他的名言：「千錯萬錯，都是業務的錯。」不是不委屈或不求公道，只是爭辯對錯很難讓結果改善，好業務得用高ＥＱ來解決問題。

網路發達對房仲業影響甚鉅，當人手一支智慧型手機，有些狀態改變了，例如：陌生開發、網上看屋、實價登錄查詢等，前半段的瑣碎流程簡化了，成交速度變快，而且資訊也變得透明化。

洪容荃要求團隊以正確心態面對網路，「老業務若抗拒不用，會導致負成長；新業務該蹲的基本功仍得堅持。通常我會親自帶領新人，固定時間去掃街，指導他們如何熟悉尚未成交的公

司案件。」

洪爸爸堅持家人必須一同開飯、一同看電視，增加共處時光。這理念影響洪容荃很深，既然視團隊如家人，他在后里店創造快樂時光，例如全店業績達標就舉辦不定期旅行，達到一百萬就聚餐樂食、達到兩百萬就離島壯遊、突破三百萬就出國觀光。

工作是為了享受更好的生活，他用小確幸，讓團隊們更有拚搏的動力。

建地大熱門，能掌握時間才是贏家

后里區有五．四萬人口，加起來近十家房仲公司。國道一、二、四號都在十分鐘可抵達，中科在此，全區沒有重劃區。區域內，七十％土地屬於台糖，物以稀為貴，合理價格的建地一推出就秒殺，從十六坪到上千坪，每坪二十至二十五萬不等。

面對這樣的戰場，洪容荃指點業務與客戶，「致勝關鍵是『快』！」當有人邀你來看土地，沒接到電話或無法即刻趕到，等到有空想去看，其他客戶已經斡旋了。

后里麻雀雖小，五臟俱全，大量建商來此插旗。新建案一推出，房仲代銷經常來不及進場就賣光，小建案往往地基還沒挖好，就已售出一半。洪容荃常對業務耳提面命：「速度就是機會！如何在最快時間內，聯繫可能有興趣的賣方，這就是競爭力。」

洪容荃是扶輪社社長，為人熱心公益。他認為創業的最大收穫是廣結善緣，幫助更多人一圓成家夢，幫業務創造可一起賺錢的穩定環境。他有個心願：希望把公司、人員、體制安頓好，培養接班人，自己再去拓展更多店。洪容荃的夢想還在奔馳，歡迎有緣者同行。

店東小檔案

洪容荃

大家房屋　臺中后里加盟店店東
手　　機　0911-000-198
入行起點　二〇〇八年
座 右 銘　一切都是最好的安排。

仰不愧於天
俯不怍於人

張楷荃

斗六雲科大加盟店

發揮傳承的力量，用心打造 職人之路、安心之所

房仲是慕強的行業，見到超級業務或千萬經紀人，總恨不能承襲對方一身功力。張楷荃的母親林意玉女士，是雲林房仲界的優秀前輩，追隨母親的腳步，是怎樣的心情呢？

大家房屋斗六雲科大店張楷荃店東笑著說：「功力無法世襲，精神卻能傳承。每個人都是獨立的個體，無論開發、行銷或管理，我得從頭學起，比較幸運在於如果我向媽媽請益，她不會不理我。」

回應親情召喚，外語人才投身房仲

七年前，熟悉斗六不動產業界的人提起張楷荃，會補上一句「他是第二代」；如今說起他，焦點則放在「大家房屋的店東，開在雲科大那邊，做得很好」。

武林高手是自家母親，說沒壓力是騙人的，張楷荃加快腳步成長，想與媽媽並肩。這位母親有大智慧，她不干預兒子的職場教育，把他交給一位資深夥伴帶領。這位前輩在帶看、斡旋和簽約時，把他帶在身邊，實際示範教學。

「儘管如此，還是會受到媽媽薰陶。她的理念是追求藍海與和諧，之於房仲業，我覺得非常可取。」

退伍後，張楷荃本在一家太陽能公司擔任海外業務，當初決定回歸是基於孝心。就讀虎尾科大應用外語系三年級時，某天忽然發現：「我們全家竟散居在不同國家！爸爸和哥哥分別在越南與中國工作，媽媽在斗六創業並陪伴外公外婆，而我在美國當交換生。後來更察覺年邁的外公外婆，愈來愈需要照顧，而媽媽其實也不年輕了。我想幫她分攤照顧老人家和打拚事業的壓力。」

2021 住商機構年會
榮耀 幸福
TOP菁英總業績店
第一名
張楷荃
斗六雲科大加盟店
大家房屋

擔任業務員兩年多之後，他考取經紀人執照，母子深談後決定調整合作模式，由張楷荃擔任店東，負責行銷與帶領新人，母親改任店長，負責內部管理。

兒時，張楷荃並不特別活潑，「有人出頭讓人來，沒人出頭我可以」的個性，很容易低調躲過師長的目光。不過他喜歡嘗試新事物，這一點，成為他學習與挑戰的利器。

仲介是做人的產業，路要愈走愈寬

入行第一年，張楷荃常騎車掃街，見到阿婆就親切問安，打聽有沒有房子想賣。有位王奶奶把老房子委託給他，他天天帶看，一個月後順利成交，老人家才告訴他：「本來覺得賣不賣無所謂，看你忠厚可靠，我想給年輕人機會，所以就賣了。」

「房仲是做人的行業，路要愈走愈寬；別以為成交一次就結束，口碑會一直延續。」張楷荃入行後，有感於某些人飛黃騰達後，心就大了，開始嫌棄小案子；他覺得此風不可長，便要求團隊不得以價格高低來區隔物件的重要性。

房仲工作是多線進行，每條線牽引著不同物件，每一場皆是零和賽局，如果成交不屬於你，無論前面多努力，照樣沒收入。張楷荃提醒旗下業務，人生有順風就有逆風，要培養度過低潮的能力，遭逢挫折才能自動痊癒。他個人的狀態是，再壞的心情，睡一覺起來就會好，因為「Tomorrow is another day.」

話說，斗六環境不大，卻應有盡有，開車繞外環道一圈只需十五分鐘。當地居民最愛蛋黃區的透天厝，四十年老屋能賣上千萬，出了外環，同樣的透天厝價格剩七至八成。斗六周邊有四個工業區，人口登記約十．八萬，實際上應不只於此。斗六房價可媲美臺中市大里區，超過五十家房仲店在此經營，大家房屋雲科大店所在位置，正是高密度的一級戰區。

有人感慨，不動產買賣拚搏的是大錢，利字當頭最現實不過。但張楷荃並不悲觀，他在這領域裡，看見感動，也感受信任。

目睹住商前董事長吳耀焜先生在頒獎時，向得獎人彎腰鞠躬致敬，這一幕深深撼動了張楷荃，他明瞭自己要承襲的，不是業績與功力，是把職人精神發揮到極致，把服務變成信仰。受到吳董感召，他每週帶領同事讀《弟子規》半小時，團隊價值觀受到潛移默化，朝向善的一面發展，成員理念相同，關係更加和諧了。

自從總部開設空中大學，每週四上課時，同仁都會盡量留在店裡觀課。張楷荃成為店東後，常赴臺中上課或聽千萬經紀人演講，課程費用加上高鐵車資，是筆不小的投資，但他認為值得，可以把學習來的心得分享給夥伴。

善其事先利其器，優秀配備不輸人

張楷荃母子捨得投資，深信「工欲善其事，必先利其器」，只要有最新設備，雲科大店就會引入。

團隊目前有二十位業務，店東拍板跟著總部的腳步，盡可能啟動配件成交系統，讓同仁見識到科技的力量。以 ieasy GH 為例，這個 App 容易操作，還能直接查詢配件。

好比查詢地籍的 V523 系統，業務去看土地時，可於現場查

2021
住商機構年會
住商不動產
大家房屋

詢地籍圖和地段、地號；又如VR360，這是為客戶所購置，有了它便能輕鬆看懂格局，並大致瞭解屋況。雲科大店還添購比房網，只要輸入買方條件，可每週發送合適物件。

張楷荃從媽媽身上學到「帶人要帶心」。同事午後進入辦公室，他會優先關心對方用餐沒，而不是追問交易的情形；同仁業績下滑，他會詢問有無需要協助之處，甚至帶對方一起跑自己的案子，以便把部分傭金分給對方。如今團隊中有四位成員在店裡服務超過二十年，每年流動率至多一人。

常有同行表示想加入團隊，因為喜歡張楷荃打造的工作環境。他泰然表示：「我努力營造家的感覺，家人之間是分享，不是掠奪，這是雲科大店的最大特質。」

老業務過盡千帆，想要的，不正是這麼一處地方？張楷荃的團隊經營，讓他們看見了職人之路，安心之所。

店東小檔案

張楷荃

大家房屋　斗六雲科大加盟店店東
手　　機　0956-581-888
入行起點　二〇一四年
座 右 銘　仰不愧於天，俯不怍於人。

不是成功來得太慢

是放棄得太早。

陳宗慶

屏東公園加盟店

發揮性格本色的資深店東，跨越了景氣的迷思

家裡經營自助餐，從未讓陳宗慶缺衣少食，然而從小他的腦袋瓜裡，彷彿有支小喇叭不斷吹嚷著「賺錢、賺錢、我要賺錢！」

「不是愛錢，是愛賺錢喔！」大家房屋屏東公園加盟店陳宗慶店東一開口，總能引得身旁的人開懷不已，和他相處五分鐘就能理解，他只要發揮本色，自然會是傑出的業務與店東。

嘴甜腰軟腳要勤，還要擁有四顆心

鳳山出生、屏東長大的陳宗慶，成長於單純的家庭，卻不知為何「非常想當有錢人」。高職就學時書讀得不錯，獲得保送農專的榮譽，他卻放棄了，因為比起升學，他更想出社會賺錢。

當年有兩條路可供選擇，一是留在家裡的餐飲業幫忙，二是到親戚的廣告公司服務不動產業。「不用考慮，我立刻選第二條路，因為可以穿得比較帥，接待中心也比餐廳富麗堂皇！」看似孩子氣的決定，竟為他選中最適合的道路。

那家廣告公司專門處理房地產廣告及代銷業務，主要案場在屏東。陳宗慶從工作中學會如何做市場調查，幫業主評估對手、產品、行情，以及媒體廣告效益。一年多之後，他直接轉戰屏東不動產業，到品牌房仲店上班，兩年後升任店長，相隔三年創業自營品牌，十七年後加盟大家房屋。

「我喜歡交朋友和聊天，又樂於助人，房仲符合我的本性，做得很快樂。成家時我已開店創業，雙胞胎女兒出生後，我還可以協助育兒。工作時間彈性讓我如魚得水，一做就是二十七年。」

擁有二十二年店東經驗，陳宗慶認為成功的基礎在於選組正確的團隊。他分享七個選才方向——

一、品行至上，樂觀更好：他把正能量的人留在團隊裡，發揮正面影響力。

二、頭腦靈活，膽識要夠：房仲業得不斷解決問題，找出危機處理高手就對了。

三、嘴甜、腰軟、腳要勤：這是好業務七字訣，宅在座位不

出門很難成功。

四、要有耐心：急躁者往往最先放棄，無論對客戶、物件或自己，多給點耐心。

五、有自信心：房仲業最不缺挫折和打擊，要堅定相信自己一定可以。

六、有同理心：除了對客戶多體諒，對既是競爭對手也是合作關係的同仁亦然。

七、有企圖心：會積極敦促自己的人，才有希望爬得更高、走得更遠。

「我沒把房仲當成一份工作，而是當成一份事業在經營。用上述條件篩選出來的，絕對是人才，有些可以成為好業務，有些可以成為好店東。」

無畏不景氣，強調安全交易和讓利

談領導，三件事最能展現陳宗慶的風格。

第一是無畏不景氣。陳宗慶出社會至今，沒聽過讚許「現在景氣真好」，大家永遠在唱衰景氣，可是回頭一看，真的從沒好過嗎？他指出盲點，景氣好或不好，房地產照樣交易，儘管投資量會減少，但不會歸零，不必過度恐懼。

「如何經營才是勝敗關鍵。不景氣，正是加強自身實力的好時機，我會催業務快去充實專業知識。無論景氣如何，店東都得保持學習。我喜歡上產業相關課程，例如房地合一稅、土地法、建築設計等，也會把握機會與營造、代書、裝潢、水電等業者交流，盡量長知識。」

第二是掌握交易安全。店東扛著經營的擔子，責任相對沉重。陳宗慶跟業務再三強調：「請注意交易安全，把產權把關好！沒有交易安全，就不會有錢！」

業務只要遵循他的規範，就能保證交易安全，尤其「不准提前偷跑」，必須先報件，在產權調查完成前不准販售，以免風險落在買方身上。萬一屋主不在臺灣，是在哪個國度？我們有設大使館嗎？能否拿到親簽授權書？賣方若不肯把手續周全，寧可不接這樁委託。

「前面麻煩總比後面麻煩好。我鼓勵業務，認真把過程理順，有了經驗，這輩子不管幫哪一國人賣房子，都不必怕！」

第三是讓利給業務。陳宗慶不喜歡強壓式的管理，基於勞資互相尊重，他傾向引導業務思考，而非強制下達命令。

「我是業務出身，最清楚業務思維。」陳宗慶只服務自己的老客戶，把新客戶全讓出來，分配給業務經營。

小異是賺錢關鍵，員工是事業夥伴

在屏東市區，騎機車橫跨東西或縱貫南北，差不多都是十五至二十分鐘。這個不算大的地區，登記有案的房仲店就上百家，比 7-ELEVEN 還多。因為是草根地方，客戶轉介率頗高，陳宗慶常提醒業務：「我們出門求財不求氣，好業務要學的不只是經營客戶關係，更要學會處理人的情緒。」

為從百家仲介店脫穎而出，陳宗慶建議業務們「找出自己和他人的大同小異！」他認為，為了求存，培養熟識度與信任感極為必要，而小異往往是賺錢的關鍵。「最常出現的小異，包括

真心、誠懇、專業度、安全性等等，把你能掌握的部分發揮到極致，裡面可能藏有成功密碼。」

連任大家房屋高屏澎東店東經研會會長，陳宗慶號召力一流。他說大家房屋發展得很快，屏東公園店加盟得早，編號〇〇〇一堪稱天字第一號。管理上，他沒把員工當下屬，而是互相扶持的事業夥伴。住得較遠的同事騎機車上班，卻遇上傾盆大雨，為安全著想，他二話不說，把自己的車鑰匙遞給對方，讓員工開車回家；遇到同事成交量驟減，也會把錢先撥給對方應急。

陳宗慶說：「多年來，我從工作體會到兩件事，一是『有捨就有得』，二是『不放棄才會到終點』。」

那個喜歡賺錢的小朋友長大了，比起當個有錢人，現在的他更希望帶領大家一起賺到錢，不僅可以照顧自己及家人，也能幫助更多人！

店東小檔案

陳宗慶

大家房屋　屏東公園加盟店店東
手　　機　0932-751-187
入行起點　一九九四年
座 右 銘　不是成功來得太慢，是放棄得太早。

相信自己，相信團隊，共創百分百的人效店。

曾郁庭

屏東東港加盟店

投入房仲，她在家庭與事業間找到幸福的平衡點

有人嫌棄房仲業得四處奔波，飽受風吹日曬之苦；有人把吃苦當做吃補，直到自己發光發熱，可以照亮別人。

「我絲毫不覺得辛苦，反而感慨，為什麼沒有早一點踏入這一行！」大家房屋屏東東港加盟店曾郁庭店東如是說。

人力配置鬆一點，用支援替代競爭

曾郁庭的老家在大鵬灣進行箱網養殖，從懂事起，她常頂著豔陽乘坐竹筏到外海，將成串蚵仔拉上竹筏做日光浴。乖巧的她在幫忙家計的同時，也養成刻苦耐勞的秉性。

曾郁庭擔任過美容、醫藥等數種領域的業務，身為兩個男孩的媽咪，她常陷入「等候醫師談生意」或「接小孩放學回家」的兩難境地。當她接觸房仲業，瞭解工作型態後便迅速投入，迄今已近十年。

「毅然選擇房仲業，因為它能成全我兼顧家庭與事業的心願，讓我找到平衡點，無須犧牲任何一端；義無反顧創業，因為我想帶領更多夥伴一起打拚，當店東是我給自己的人生挑戰。」

經歷過職業婦女的煎熬，她推己及人，想創造友善的就業環境。有些全職媽媽在孩子就學後，想重回職場，曾郁庭鼓勵她們嘗試房仲業，因為這行工作時間彈性，認真就有機會成功，既能從工作中獲取成就感，又能創造收益幫助家庭經濟。

東港加盟店的女性員工占七成，曾郁庭所倡導的辦公室文化是「以支援代替競爭的夥伴關係」。例如某位同事接到老師來電得知孩子發燒，或年邁公婆需就醫無人陪伴，同仁會主動接手工作，讓對方專心處理家中的事。

為維持團隊協作能力，她刻意把人力配置調鬆，增員三分之一以創造彈性空間，許多業內朋友知道後，對東港店的工作環境嚮往不已。

教育員工：不卑不亢是最好的姿態

身為店東，曾郁庭最注重服務態度，她對業務耳提面命：「我們不能挑揀顧客，好業務要能快速掌握客戶需求，創造發展的可能性。我們做的是服務業，奉獻熱忱也奉獻專業，這是一份有尊嚴的工作，態度擺正很重要。」

她教育團隊，不卑不亢是最好的姿態，不要因收取服務費就自認卑微，業務與顧客的關係是平等的。她舉例，曾有位顧客走進東港店，一看就是事業有成的大老闆，氣場強盛且嚴肅寡言。

雄捐血中心
屏東縣政府警察局

「面對他的那一刻，我只關注『他的需求』，不去設想『他的背景』。」親切的平等態度贏得大老闆的好感，後來不僅成交，雙方還建立友誼，日後為拓展事業須購買土地時，也全權委託曾郁庭處理。這案例讓夥伴們深刻理解：交易不是終點，是另一場服務的起點。

對店東而言，幫助新人進入狀態至關重要，因為團隊需要新血的加入。曾郁庭常告訴新人：「這行的進入門檻不高，至於適合與否，時間會告訴你。」她擅長掌握新人的成長步調，入行之初，陌生拜訪最令新手卡關，當時間慢慢過去，成交不易是致命傷，開始墜入黑暗期。據她歸納，入行三至六個月是關鍵，離職潮最常爆發在本階段；通常熬過六個月至一年就大致穩定，至於發展到真正成熟需一至兩年。如果新人不斷受挫，她認為言語上的安慰是無用的，不如帶著對方一起做，等新人有業績再逐步放手；如果對方心理素質不夠堅強，自然淘汰未必是壞事。

曾郁庭點出，每場交易最煎熬的時段，大都在雙方談妥但尚未簽約之際，身為店東，她通常以鼓勵和祝福來安撫業務的情緒，幾次之後，業務學會沉澱情緒，焦慮程度就會降低。

「我希望加入東港店的夥伴，無論能同行多久，都能對房仲業有正確的觀念，並學到終生受用的工作習慣。」

要在故鄉東港，打造夢想寄託平臺

東港以漁港聞名，這裡是曾郁庭的故鄉，就業機會雖不及高雄市區多，城鎮生命力依然蓬勃。隨著時代進步，房市交易透明化，東港人在買賣不動產之前普遍會先做功課，因此曾郁庭要求

大家房屋
GREAT HOME REALTY
高峰會

業務，持續提升專業度才能把顧客服務做好。

加盟大家房屋，曾郁庭感受到好處很多：其一，總部資源豐富且推廣積極；其二，店東備受尊重，可與總部良性溝通；其三，品牌效益有助於快速獲得客戶信賴；其四，加盟擴點聲勢旺，能擁有眾多盟友。憑藉努力和善用資源，二〇二〇年度東港店的開發件數較同期暴增三倍，第四季業績更比同期成長一〇四%。

曾郁庭服務的區域不限於東港，凡有委託一概幫忙，若地區實在太遠，則透過體系與大家房屋的加盟店合作聯賣，服務無遠弗屆。店裡成員年齡分布在三十至四十五歲，個個性情活潑又好溝通，形成快樂團隊。她說：「這間店是大家共有的，可以把夢想寄託於此；店東的責任是為大家打造夢想的寄託平臺，讓東港店長久經營下去。」

「為解決問題去尋找答案的過程，往往是進步的機會！」曾郁庭勉勵團隊勇於發掘問題和找解方，自己更花大量時間進修，不動產經紀人課程是她固定的學習項目，近來更報名空大法律課程。她期許自己成為手心向下的施予者，以熱心公益來回報上蒼的厚愛，出錢、出力、出時間的她，是東港分局警察志工中隊人氣最旺的中隊長，每年主辦二至三場捐血活動，東港店會提供贊助品，同仁們也熱情響應捐血。

對未來，曾郁庭滿懷期待：「有人嚮往退休，我卻想一直做下去，直到沒力氣帶看為止。房仲是互相成就的事業，到時若有夥伴能掌舵，我甚至願意轉換角色去做教育訓練或管理工作，能持續貢獻就行了。」

店東小檔案

曾郁庭

大家房屋　屏東東港加盟店店東

手　機　0912-781-001

入行起點　二〇一三年

座右銘　相信自己，相信團隊，就能共創百分百的人效店。

02

眼光放遠，團隊合作創造新版圖

何俊達
新店安康加盟店

黃啟將
臺南小東加盟店

劉明田
松江南京加盟店

鍾武諺
青埔航空城加盟店

簡池羽
新莊幸福中平加盟店

簡健祐
屏東潮州加盟店

業績月月歸零，口碑次次累積。

何俊達

新店安康加盟店

因為看好未來性，通才的他選擇在房仲業扎根

從小被視為通才的何俊達，興趣非常多元，找工作則優先考慮未來性。這樣一個人才為何選擇房仲業，而且一做就是十五年？

大家房屋新店安康加盟店何俊達店東說：「我看好房仲業，它的未來精采可期；無論你多優秀，每個月業績重新計算，口碑與經驗卻能不斷累積，多麼具有挑戰性！」

從源頭做起，讓一期一會永恆難忘

淡江航太系畢業後，何俊達進入汽車廠品管部服務，體會到製程的重要，並認識了QC七大手法；後來轉入石油公司擔任業務工程師，學會SPIN銷售技巧；也曾學習細木工，設計並製造狗屋上網行銷。

多才多藝的他，年輕時找工作只看未來性，幾年後回顧，發現自己好像疏忽了經濟條件的重要性。因緣際會接觸房仲業，他認為這是大有前景的工作，都市不斷更新，物件永不缺乏，且能快速存下第一桶金，加入第三個月就不禁感慨自己來晚了，也開始思考如何將這份工作發展得更長遠。

他在直營店擔任業務和店長時，常思索「如果我是競爭對手會怎麼做？」拿到成交獎金時，也會花錢投資自己，撥出一小筆預算聘請專業美編為他設計廣告，然後找人派送一萬份ＤＭ，開始做行銷測試。投入時間久，他想通兩件事：「個人品牌的經營是有意義的」，以及「若在某個區域有影響力，理想會更容易實現」。從此，他專心在房仲業深耕。

早期在其他房仲公司服務時，何俊達兩度獲得神祕客評選冠軍。他回想自己「究竟做對了什麼」，說穿了，是把上門的顧客當成好友款待，傾聽對方的購屋需求，認真替對方解決問題。

「房仲是服務人的行業，感覺很重要。廣告好比圖片檔，是扁平的；面對面接觸有如影像檔，令人印象深刻。我知道業務各有撇步，有人以電話聯繫，有人寄賀卡問候，我的想法是，何不從源頭做起，讓顧客永遠記得呢？即使不常聯繫，當顧客有需要就會想起我，豈不是更好？」

於是他告訴旗下業務：「人與人的相遇，都是一期一會。請用真誠與熱情，讓顧客一輩子記得我們。」有了這番想法，當客戶上門時，每位業務打心底珍惜緣分，做出最佳服務，給顧客留下好印象。

大家房屋
GREAT HOME REALTY

選才那一刻，已展現店東的風格

「我喜歡看管理叢書，也認同領導很重要，但我覺得理論再多，莫過於回歸領導者自身的個性。」眾多企業家之中，他對奇美實業創辦人許文龍先生最為崇敬，極認同老先生所言：「人不該為了工作，犧牲人生的幸福。」他常思考，作為店東該如何促進員工的幸福。

在原生家庭排行老三，何俊達的個性溫順而自律，他很清楚自己沒辦法以鐵血手腕去管理別人，因此在選才時，盡量錄取自動自發、自律自省的員工，他便無需違逆本性去鞭策對方。

何俊達描述，安坑之於中和與文山，猶如汐止之於南港與內湖。他更以「蜀中」來形容安坑，易守難攻，富庶且發達，生活機能自成一格。大家房屋安康店在此深耕，居民接受度頗高。

徵才時，出現不少退休阿姨、二度就業的家庭主婦，以及從其他領域業務工作轉行的職業婦女，這些人很有潛力，共同心願則是找一份可兼顧家庭的工作。於是何俊達聚焦女力，找到好人才，目前十二位業務中，有七位是女性，個個自有強項。

「事實證明，女性絕對能勝任房仲業務！我的女同事都很負責、耐挫力強、意志堅定，而且珍惜工作，懂得感恩。當然，她們也喜歡團購、喜歡互助和分享，因為有她們，團隊更像一家人。」

「錄用人才，就要替他們創造好環境。既然大家想兼顧家庭，我就盡力成全，做大家的後盾。」何俊達調整管理模式，讓大家心無罣礙。員工們知道店東對他們好，除了每年提供健康檢查，有需要時可以把孩子帶到辦公室，有事需要早退也從不拒絕。

學習網路行銷，鼓勵業務打知名度

安坑地區的房仲公司，鼎盛時期多達四十八家，目前尚有二十八家，如何殺出這片紅海？何俊達認為網路行銷與經營個人品牌是趨勢，而他很早就啟動了。

他從部落格時代就努力耕耘，把顧客想知道的內容放上網路，無論文章或影片都有不錯的點擊率。網紅時代來臨，他協助業務找出個人特色，鼓勵他們打響知名度，他則站在輔助的角度提供行銷支援。例如有些業務不會剪輯影片，有些不懂如何行銷自己，沒關係，店東會幫忙，至今已產出上百部影片。

02 眼光放遠，團隊合作創造新版圖

「我不只要讓業務賺到錢，還希望他們有時間照顧好自己和家人，陪我一起努力，讓房仲業獲得社會的尊重。」何俊達視這些為店東的責任，在提倡「職人房仲」的同時，打造「月休八天、六日可休、五點半下班」的友善環境。

不愛開會是何俊達的另項風格，他主張有問題隨時提出、有訊息隨時布達。「開會太花時間了，我邀團隊一起成為有效率的工作人，把不必要的事省去，去做累積能量和口碑的事。」

何俊達創業後，太太辭掉貿易工作，擔任他的祕書。透過創業，夫妻倆一起工作，照顧十幾位員工，並兼顧三個小孩一條狗。這些年來他沒有制訂業績目標，卻能連年成長。

無論業務多寡，安康店始終維持兩位祕書，因為何俊達知道，強大的後勤能替業務節省許多時間。有這麼替員工著想的老闆，難怪三年來，安康店沒有任何人事異動，是一支齊心打拚的「超幸福團隊」。

店東小檔案

何俊達

大家房屋　新店安康加盟店店東
手　　機　0970-061-256
入行起點　二〇〇六年
座右銘　業績月月歸零，口碑次次累積。

專業敬業，快樂工作。

黃啟將

臺南小東加盟店

創業高手投身房仲業，為 Top Sales 打造舞臺

踏入社會的前三年，黃啟將成為爆發力十足的超級業務，三十幾歲轉而創業，模式是研究新領域、設立公司，待經營穩健後，交給夥伴管理，自己再去開闢新戰場。

大家房屋臺南小東加盟店黃啟將店東說：「對我而言，人生本該不斷挑戰，有趣比賺錢更吸引我。房仲業就是一個有趣且迷人的行業。」

考取經紀人證照當房仲，版圖再增

黃啟將從年輕就對創業樂此不疲，如今是多家公司的負責人。藥學系畢業後，原本在外商藥廠當業務，之後轉任汽車公司，成為所長後離職，展開自己的創業之路，曾跨足外勞人力仲介、女子ＳＰＡ館、餐廳等事業。他覺得創業不難，成功雖無法複製，經驗卻可累積，他只需選定領域、小心掌舵，培養出接班人手，交棒後又是海闊天空。

聽聞「不動產經紀人證照不好拿」，好奇心旺盛的黃啟將決定一試，每晚十點讀到深夜兩點，持續三個多月後上陣應考，沒想到一試即中。他想，把證照變成職業執照才算有始有終，先做一年吧！進入住商不動產當房仲業務，被這個行業深深吸引，決定同步接受店東儲備訓練，加盟大家房屋，讓創業版圖又多了一塊。

黃啟將有行銷基礎，再接受總部培訓，很快就融會貫通。身為店東，他傳授新人的祕訣是：「不要怕麻煩，挑戰過後，會更有信心。」舉例來說，他接到第一個專簽客戶的同時，也收到有難度的要求。客戶是大地主的兒子，想使用一生一次的自用住宅用地優惠稅率，為符合資格，他要求把三棟房子同時出售，並希望以專簽形式委託，約了多家房仲前來面談。

時值燠熱盛夏，黃啟將西裝筆挺前往拜訪，正巧屋主很注重形象，給他很高的印象分數，加上交談投契，當下決定委託給黃啟將專賣。

「即使事後不少同業去爭取改一般約，客戶都沒動搖。這是我人生簽下的第一個專約，非常感謝客戶的知遇之恩，當然全力以赴。」

三棟房子一起賣是有難度的，黃啟將與同仁四個月帶看四十幾組，終於找到兩位買主，其中一位還一口氣買下兩棟。請教過代書後，他將大家約在同一天簽約，順利達成客戶的心願，節稅至少七十萬元。從此以後，類似銷售對黃啟將再也不成問題。

管理不囉嗦，激起成交的愉悅火花

小東店開幕迄今，黃啟將不曾透過人力銀行徵才，人力就源源而來。包括前同事、現同事、他行顧客、房仲顧客、老朋友、老同學等，都熱心為他介紹幫手，自然而然形成如今的團隊。

黃啟將與團隊的相處有如家人，管理風格也很easy。他知道傳統房仲會定期檢討業績、追蹤改善，但在小東店，他幾乎不談數字。在他眼中，業績是拿來核算獎金用的，而非評斷業務有沒有進步和盡力的依據；他只制定獎勵辦法並公布實施，頂多提醒「獎勵案剩下兩週」，大家會自動衝刺。總體來說，他的管理手法不囉嗦、不盯業績，只負責為業務激起成交的愉悅火花。

小東店團隊有個特殊之處，如果看到這家業務開著雙B或

保時捷帶看，別太驚訝，因為成員中不乏事業有成的老闆。有人納悶，這些成功人士為何跑來做仲介？黃啟將笑著解釋：「這群人拚的是成就感。房地產交易金額高，成交帶來的滿足感勝過其他商品；此外，他們也在房仲崗位上，回味當年站在第一線的快感。」

管理這樣的夥伴，會不會很難？黃啟將表示恰恰相反，這群夥伴有經營企業的經驗，觀念先進，也能體諒店東的辛苦，配合度很高。唯一缺點是，他們比較忙碌，需要更多的體諒和支持，黃啟將的領導風格，正好適合這樣的族群。

物欲極低的他，早已實踐財富自由，隨時可以退休。「賺錢不是我當店東的目的，我更想示範何謂超級業務，用自己的方法做做看，也替肯拚的人創造一個舞臺。」

維護職業尊嚴，專業是骨氣的根本

黃啟將的人生哲學是坦誠，也用這個理念來經營小東店。他請團隊成員一旦遇到問題，務必開誠布公，夥伴是家人，本該互助。

「我極少要求業務夥伴去打入社區，他們個個人際關係良好，有人甚至擁有兩千位客戶。我尊重每個人的步調，相信大家自有分寸。」

店東的不計較，令大家的心更貼近。他多次發現到了下班時間，若有同事約客戶在辦公室簽約，有空的人會留下支援，除了看店、接電話，還協助影印、添加茶水，這一切都是自動自發的。小東店一樓客廳化，二樓是簽約室和會議區，三樓才是辦公區，業務都愛窩在一樓沙發，拿著筆電各自忙碌，又跟彼此為伴，享受舒適自在的同時，照樣達到高效率。

有業務問起房仲的行為準則，黃啟將回答有三件事需努力達成：

一、介紹物件要介紹徹底，竭力尋找亮點，讓自己也讓顧客相信，沒人比你更瞭解這間房子。

二、描述屋況不可隱惡揚善，有問題要誠實記載。身為仲介要知道各種解決之道，協調兩方達成共識，絕不可為成交而隱瞞。

三、師父領進門，修行在個人，務必耐心維繫客情，和客戶成為朋友。

黃啟將說：「成為房仲的最大幸福，是可以成就客戶的幸

福。」這位快樂的店東，享受百分之兩百的忙碌，自己不必休假，卻關心員工會不會太累。

他對小東店的期許是：「幫助業務跟自己同樣樂在工作，還要讓他們知道，房仲是有尊嚴的職業，而專業是讓我們有骨氣的根本！」

店東小檔案

黃啟將

大家房屋　臺南小東加盟店店東

手　機　0982-306-199

入行起點　二〇一九年

座右銘　專業敬業，快樂工作。

坐而言不如起而行。

劉明田
松江南京加盟店

農村子弟闖出一片天，用房仲事業翻轉人生

入行第十五年時，劉明田覺得各方面條件成熟，可實現「用所學去影響一些人，讓世界變得更好」的心願，另一方面，避免因駕輕就熟而變得怠惰，於是選擇加盟創業，把自己推向新的挑戰。

大家房屋松江南京加盟店劉明田店東說：「還想物色一群和我理念 match 的夥伴，把事業長久經營下去，這是我創業的初衷。」

想翻轉人生？房仲業提供絕佳機會

劉明田是雲林西螺的農家子弟，不僅寒暑假得下田幫忙，過年前夕正值菜心與青蒜的採收期，每天忙到只能睡四小時。立志不當農夫的他喜歡讀書，期盼長大能靠知識賺錢。上臺北讀大

2021 住商機構年會

學，一度為自己的士氣感到自卑，但仍鼓起勇氣融入同儕，交到不少朋友。退伍後被知名藝術中心錄取，待遇不錯，環境也舒適，卻不是他想要的。

在劉明田的人生規劃裡，有結婚、購屋、買車、養小孩等目標，為了讓將來擁有更好的生活，他強迫自己跳脫舒適圈。當年太太在建設公司上班，得知代銷老闆剛成立房仲公司，劉明田轉入這行，希望靠房仲業翻轉人生。

從獨善其身的小業務，他一路壯大，進而創業開店當店東。每當有人問「什麼是房仲業」，他總這樣回答：

「房仲業是人與人之間，交易不動產的橋梁。店東跟業務之間，不是刻板的勞資關係，而是並肩的夥伴；講得淺白一點，店東是交易平臺的提供者，業務負責在前線作戰，與後方共享戰果，作戰所需資源則由後勤單位協助。」

「房仲業講求長期耕耘，天道酬勤，就算沒背景，肯拚就有機會。像我，一個鄉下窮小子也能在臺北市創業。」

「誠實是我篩選業務的第一道標準，第二道是心理素質，我希望和正能量的人共事。我們無法預知會遇到怎樣的難關，卻可以把自己準備好，用積極樂觀去面對難關。」

劉明田認為創業不難，重點要找到對的夥伴，他分析：「房仲高專沒底薪，但有高獎金，這種特性不適合被動的人。要進我的團隊，必須擁有自制力，還要擅長時間管理。」

巷內店找對定位，以服務為出發點

房仲業的迷人之處在於「無可限量」。房地產總值高，做好時間和目標管理，有時收穫會超乎想像。他坦言進入這行後，收入報酬沒讓自己失望過，從投入時間與產出效益來看，CP值頗高。

他經營過五十人的大型團隊，三教九流，管理起來相當吃力。加盟大家房屋時，他改變策略，打造小而美的團隊，在臺北市蛋黃區開設迷你店，拚人效不拚人數。店頭設在南京東路二段的巷內，往來約八成是老客戶，他與團隊建立共識：「當顧客上門，對其需求問得愈清楚，命中率愈高，不致浪費彼此的時間。」

「我開的是巷內店，定位很清楚，必須建立良好的鄰里關係；我們重視口碑行銷，會針對老客戶做人脈經營。」

「我不喜歡一個口令一個動作的下達式管理。我的做法是拋出議題，引導團隊燃起熱情，授權他們去接洽與談判，需要時可找我支援。」

或許是年少就離家求學，「吃飯」這件事對劉明田別具深意，總是嚮往全家圍在餐桌的幸福感，這份期待在松江南京店實現了。「我們舉行午餐會報，我太太會做些餐點，大夥兒邊吃邊討論，團隊像一家人聚在一起吃飯，這正是我想要的感覺。」

松江南京店位於捷運站周邊，是商圈與生活圈的完美結合，捷運站方圓五百公尺內，有五家房間數超過一百間的大飯店，而且金融行號密集，周邊有伊通公園可供休憩。在這繁華的區域裡，不動產商品多元，以辦公室和高總價住宅最為常見。巷弄裡有不少社區，劉明田和業務會撥空參與社區活動，像是里巡守隊、學校導護等，用深耕傳遞「以服務為出發點」的店頭文化。

網路發達雖省時，基本功還是得蹲

智慧型手機的盛行，或多或少改變房仲業務的工作習慣。拜網路發達之便，可迅速掌握附近店家的脈絡變化，然而劉明田認為，該蹲的基本功不容馬虎。

「我不希望業務只守在電腦前，上網搜尋房屋租售訊息，而不去現場開發。」以前業務會掃街、查空屋、看招租廣告，劉明田喜歡扮演柯南角色，搭乘電梯到頂樓，一路走下來摸門把，若積著厚厚灰塵，或冷氣窗閒置，就可能是空屋，只要找到屋主，或許就是委賣的機會。

見過太多「會中慷慨激昂，會後熱情退散」的例子，劉明田要求旗下業務，有想法請付諸行動，做錯也無妨，能獲得意見反饋就值得，實踐遠比紙上談兵有意義。身為行動派的他，曾經為一棟樓的交易，從簽約到成交磨了兩年，光是合約往返就超過十五次，憑藉意志力與行動力，完成了艱鉅任務。

目前最接近房仲業的科系，包括臺北大學不動產與城鄉環境學系、逢甲大學土地管理學系和屏東大學不動產經營系。絕大多數從業人員是入行後才學會一身本領的，無論是透過師徒制或從加盟總部訓練養成，從業後仍需持續進修。只要同仁想上進修課，劉明田一律准假，甚至在業績達標時，公司補助進修費用以茲鼓勵。

與時俱進是劉明田給自己和團隊的期許，他認為房仲這一行永遠學不完，都市更新、危老重建、土地整合，都是當前顯學。

「房仲是末端銷售，開發是朝前端努力，兩者我都想涉獵。」劉明田以房仲事業作為安身立命的基礎，支持還在耕耘期的開發事業，他的腳步穩健而踏實，我們都拭目以待。

店東小檔案

劉明田

大家房屋　松江南京加盟店店東
手　　機　0936-034-296
入行起點　一九九六年
座 右 銘　坐而言不如起而行。

做就對了。

鍾武諺

青埔航空城加盟店

創業水到渠成，打造不動產一條龍的服務能力

從電子工程師到資產管理專家，這條道路充滿驚奇。別說不可能，大家房屋青埔航空城加盟店鍾武諺店東，親身做出漂亮的演繹。

他自信的微笑：「我喜歡做中學，拿著筆記本摘錄重點，挑戰不懂的領域。既然學就會，人生為什麼要畫地自限？」

從代銷到房仲，感謝貴人一路指點

鍾武諺曾任上市科技廠工程師，擁有眾人欣羡的工作，然而需要輪班，壓力對健康造成影響，令父母極為擔憂，頻頻勸說轉換跑道。

鍾武諺離職後兩度投入選戰，為欣賞的政治人物助選，甚至擔任文宣部主任一職；兩位候選人都脫穎而出，順利當選立法委員和臺北市議員。

「服務處人來人往，我看到一位西裝筆挺的老先生，默默彎腰撿拾菸蒂，身旁站著兩名隨從。我請工讀生快去掃地，別讓老人家辛苦，老先生卻要我別管，勸我去忙自己的事。後來我才曉得，這位是住商不動產的吳耀焜董事長，我們就這樣因緣際會認識了。」

鍾武諺認識不少營造業的朋友，他感謝眾多貴人，尤其是巨京建設劉德明董事長，劉董問他有沒有興趣轉戰房地產，於是帶他入行。投入之前，鍾武諺向吳董請益，吳董請業界的前輩傳授他代銷技巧。「我認真勤做筆記，從零開始；這份筆記成為武功祕笈，我帶著它勇闖不動產代銷界。」

當時正逢青埔起飛，缺乏經驗的鍾武諺帶看一組客戶要花

大
大家房屋

二．五個小時，還創下連續帶看近八十組都零成交的記錄。經過琢磨和改善，他有了長足的進步，每組帶看可控制在半小時內而且成交。

鍾武諺習慣很早就到銷售中心，站在路邊，看到車子就揮手致意。成交的第一位客戶，就是開車經過又倒車回來聽他介紹房子，兩個月後決定購買。鍾武諺請教她：「您當初為何倒車回來看屋？」對方說：「我看到一尊胖胖的彌勒佛，笑咪咪對我揮手。」他與這位大姐變成朋友，得知她女兒是ＰＧＡ女子職業高爾夫球選手，福地福人居，大姐搬進新家不久，女兒很快就拿下第一座高爾夫球冠軍。

創業過程如有神助，團隊自然形成

代銷期間，鍾武諺把握機會向工地主任請益，並結識一群土地重劃業者，瞭解如何與公部門往來。儘管代銷成績豐碩，銷售與工務部門常因立場而衝突，令他感到心煩，加上想接觸更多領域，於是離職成立都市計畫公司。

參與重劃時，常有地主表示：「我想賣地，鍾先生可以幫我嗎？」這類聲音愈來愈多，他打算找店面開一家仲介公司，替地主們解決問題。過程中結識一群房仲朋友，有人提議：「鍾先生，既然你要開店，我們跟著你好不好？」計畫、目標、人才齊聚眼前，店面很快就開張了。

「我比較過個人品牌與加盟品牌，後者不必單打獨鬥更有利。由於鄰近已經有住商，我便選擇加盟大家房屋。」

鍾武諺帶領的團隊，特殊之處在於「有能力提供一條龍服務」，從都市規劃、合建、代銷、買賣、租賃，任何形式都能處理。他說：「桃園有八個重劃區，開發案多且充滿商機，從房仲角度看，地主是我們的開發對象，搬遷戶則是潛在客戶。」

青埔航空城成員，每一位拿到土地，都能迅速計算出建蔽率和容積率。當新人加入，除了教育課程，鍾武諺透過實際案例解說，協助新手瞭解開發過程、談判眉角，以及可能的解決之道。至於面對客戶，前三次由學長陪同，鍛鍊新人膽識並示範溝通技巧。

「我會請業務針對某建案做分析，提出行銷方法和訴求點，從好到壞、從近到遠，一一條列。我拒絕聽到『這樣賣就行了』，帶看若只能介紹幾房幾廳這種顯而易見的內容，未免太過敷衍。」

他會提點業務，顧客想知道「真實的細節」，例如：周邊有哪些嫌惡設施、雙學區兩校的差異、前往菜市場有幾種走法、這戶房子的亮點與缺點，都值得調查與介紹。

近年來業務常反應，顧客直接拿實價登錄的數字來殺價。他覺得顧客需被提醒：每間房子的屋況、樓層、地段、窗景，都會影響價格，實價登錄是可信的參考，卻非百分之百的依據，因為每間房子不一樣。「我給予的說詞是：建議抓二十筆，刪除最高和最低，取中間十八筆計算平均值，大多數客戶都能接受。」

大家房屋

引領業務成為青埔通，服務更加分

鍾武諺對青埔非常熟悉：「航空城在二〇一二年交易量上漲，到二〇一七年則下跌，深入研究即可瞭解這地區的能量。」

青埔是指高速鐵路桃園車站特定區，位在中壢和大園之間，曾是窮鄉僻壤，一分地不過百來萬，建設讓這裡大翻身。

「青埔占地四百多公頃，其中兩百多公頃是公園和綠地，所有電線電纜地下化，美麗可想而知。」

新建案炙手可熱，除了在地人購屋自住，更多是外來投資客。他分析青埔房價呈W型走勢：「二〇一二年一坪不過十六萬，二〇一四至二〇一五年漲到超過四十萬，二〇一七年攔腰砍半，二〇二〇至二〇二一年又上漲突破四十萬。由於各時期都有人購屋，交易市場裡持有者的成本落差大，賣價比較不一致。」

鍾武諺的建議是：想在青埔買房，最好找在地且瞭解房價波動的人打聽。此外，鄰居和你的買價差距可能很大，出價前最好查詢實價登錄，配合走勢做考量。

鍾武諺每週召開會議，由業務做產物調查報告，他隨時提問細節，考核大家的用心程度。他用科學的頭腦、人文的眼睛，廣泛接觸都更與危老，對不動產規劃與銷售的見解也更上層樓。

店東小檔案

鍾武諺

大家房屋　青埔航空城加盟店店東
手　機　0913-117-728
入行起點　二〇一二年
座右銘　做就對了。

心存善念，盡力而為。

簡池羽
新莊幸福中平加盟店

法律背景做靠山，他以專業獲得顧客高度信賴

父母是資深店東與房仲，從小看著他們以身教展現服務熱忱，房屋與土地交易更是餐桌上的常見話題。

出自這樣的家庭背景，大家房屋新莊幸福中平加盟店簡池羽店東，自然而然入行，更用中正大學法律系畢業的優勢，替自己的事業加碼。

克紹箕裘，從大學起展開完整訓練

大學期間每個寒暑假，簡池羽揹著行囊返家，隨即跑到爸爸的房仲公司報到。起初抱著打工心態做個小助理，沒想到愈做愈有興趣；退伍後，從業務、主任、店長到店東，他接受完整而扎實的培訓。

父親決定轉型投入建設公司，便把房仲事業交棒給簡池羽。

有人好奇接班店東與一般店東有何不同，他笑著說：「能請益的對象多一點，而且正好是自己的爸媽。」

律師是簡池羽的第二選擇，房仲卻是他的首選。簡家爸媽向來尊重孩子，但他們想知道，為何在律師與房仲之間，他選擇了後者。

「我的回答是，律師比較直來直往，房仲需要更多解說和互動，我覺得後者更有趣，能學習的內容遠超過想像。」

「土地整合、開發、營造、新屋銷售、二手屋銷售，是產業的發展軌跡，有些店東會從後段慢慢往前試探。雙北有許多房子屋齡老舊，基於安全與城市發展，危老重建是趨勢，我看好這片前景。」

簡爸和簡媽曾提醒：「法律比較冰冷，你和客戶講話會不會太生硬？可不要文謅謅喔！」事實證明他們多慮了，簡池羽擅長把難懂的法律知識解說得簡單易懂，以專業形象贏得顧客們的信賴，也為團隊找到「捍衛交易安全」的定位。

帶領業務強化專業，捍衛交易安全

從小看著父母服務客戶，簡池羽深知房仲業務要有熱情和親和力，才能讓客戶喜歡你、信任你。從業務到店東，隨著角色蛻變，他對產業的認知不斷深化；他堅信「法律專業」與「服務熱忱」是成功房仲業者的兩把利器，缺少任何一把都難以臻至完善。

「早期法規不是那麼齊備，容易發生糾紛，影響部分民眾對房仲人員的觀感。我對這個行業有使命感，想扭轉這情形，讓房

大家房屋

仲在世人眼中不只是職業，更是一門專業。」簡池羽娓娓道出自己的理想。

房仲要具備足夠的專業力，才能維護交易安全，並說服顧客重視這一環。舉例來說，曾有詐騙集團持假權狀來哄騙交易，業務不僅需有辨識力，更要仔細查核；也有客戶堅持不做履保，業務就得仔細說明，萬一遇到惡意詐騙與代書聯合做手腳，會有被提前動撥的可能。

他要求同仁，要對交易流程熟稔，並澈底落實對買賣契約的審核：「在教育訓練和案件審核的過程裡，我會不斷提醒團隊實事求是。以不動產現況說明書為例，屋主必須親簽，若由代理人出面，絕對要取得授權書，若做不到，寧可不賣。」

「民眾買中古屋，最怕海砂、輻射、凶宅和滲漏水，我規定業務要詳盡調查並載明；除了向管理員、鄰居打聽，還會上凶宅網確認有無非自然死亡的記錄。這些檢核是為了保障買方權益，有狀況一定要明確記錄並告知。」

「大家房屋有特約代書，合作之前已做過徵信，也繳交一定的保證金，可規避交易風險。我們會用集團的代書，如果客戶堅持用他的代書，總部有制式規範，會要求客戶先簽切結書。」

「使用非總部特約代書的狀況，較常出現在跨品牌的合作，當賣方是其他房仲公司的客戶，對於特約代書，我們會打聽歷往口碑，確認以前的交易記錄都是安全的。」

知者不惑，學法律好處很多，一旦交易發生糾紛，簡池羽懂得帶領團隊為正義的一方發聲，主張權益。當然，他也不忘父母的身教，以真誠對待顧客。

2021 住商機構年會
榮耀 幸福@YOU

有位客戶由簡池羽帶看了二十間房子，從素昧平生變成朋友。後來客戶自行找到新的物件和屋主，仍堅持由簡池羽陪同接洽，非要讓他賺到服務費不可。客戶對他的評價是：「我覺得你不是為了賺錢，是為了幫我買到好房子。」

重視數位經營，業績占比接近一半

新莊中平路上有十幾家房仲公司，知名品牌都在此插旗。簡池羽選擇幸福路與中平路的三角窗為店址，提醒同仁：「好店面容易被注意，相對的，我們的舉手投足也被看得一清二楚。」團隊成員素質良好，以端正及專業形象受到在地居民的肯定。

「除了在地居民，新莊還有不少臺北客，他們的工作和活動範圍仍在臺北市。由於新建案公設比偏高，換屋若想維持同樣實坪，代價不貲，於是有人把臺北市的舊公寓或舊華廈賣掉，轉進新莊買新大樓和車位，用時間換取空間。新莊有三環三線，進出臺北市很方便，遇到這類客戶，團隊會特別詳述交通狀況，供客戶判斷是否符合動線。」

簡池羽對網路評價和顧客反應非常在意，且會即時處理；他更投入成本在網路各大平臺打廣告、在Google商家做好完善維護。幸福中平店統計，客源來自網路的業績占比已近半數，身為店東，他選擇順勢而為，開闢多元管道，增加與顧客結緣的機會。

「無論網路留言、來電或到店詢問，我訓練業務在回覆時，盡可能把人、事、時、地、物描述齊全，先幫助客戶獲知訊息，再爭取見面服務的機會。」

嚴守法律專業不打折，但日常管理上，簡池羽偏向美式作風，賦予同仁自主空間。他謙虛地說：「我想成為出色的店東，與團隊共好。這件目標我還在學習，我會加油的。」

店東小檔案

簡池羽

大家房屋　新莊幸福中平加盟店店東
手　　機　0911-576-235
入行起點　二〇一二年
座 右 銘　心存善念，盡力而為。

一切從簡，人定勝天。

簡健祐

屏東潮州加盟店

他的團隊兄友弟恭，
每一位業務都能抬頭挺胸

「跟律師、心理諮商師談話要計時付費，沒道理找房仲卻不用花錢，況且我們是在成交後才收取服務費。」大家房屋屏東潮州加盟店簡健祐店東，呼籲房仲業務以專業能量為自己培力。

團隊兄友弟恭，愛屋及烏照顧夥伴親屬

簡健祐生長於公務員小康之家，排行老二的他，是土生土長的潮州囝仔。科大工程管理系畢業後，他簽志願役當了幾年教育班長，存下一筆錢做基金投資。

簡健祐退伍後成為房仲業務，也接受店長職務的歷練，後因理念不合而離職；老同事游說他繼續領導大家，於是萌生創業念頭。他的創業計畫是在多拿滋咖啡廳完成的，潮州店的誕生是為了打造一個共享不掠奪的理想平臺。

作為店東，他以開闊的胸襟接納每個人的差異。「樹大分枝是常理，人才想出去創業，給予祝福，不要阻攔；有些夥伴喜歡這個團隊，願意長久陪伴，我很感激；有些夥伴屬於孤鳥型，但鳥兒不可能只飛不落腳，只要他不悖離團隊精神，我會盡量包容，多給點空間。」

當軍人，必須面對老兵和新兵並存；學管理，是對人進行規劃和經營。簡健祐兩相融合為團隊定調：「沒有資深資淺，只有先來後到，每一個聲音同樣重要。」他帶動兄友弟恭的氣氛，淡化競爭的尖銳感。

為了保持成長，教育課程不可少，簡健祐邀請不同行業的講師來店演說，包括建築師、會計師、代書等；喜愛閱讀的他常分享書摘，交易案例與時事發展都是他為業務授課的素材。

注重家庭生活的他在最輝煌的階段，照樣每天六點鐘下班，為的是把時間留給成長中的孩子。他每天早起兩小時來彌補工時，一早就到市場做開發，結果經營到截然不同的客群。

愛屋及烏，他照顧夥伴也照顧他們的家人，只要業績達標就辦旅遊，每趟都是精緻行程，直系血親可免費同行，還派發零用金。有業務告訴他：「如果業績不好，老媽會盯我，她說：『加油一點，你做得好，我才有得玩，我每年都要跟！』」

不是只有成交才算服務，有時勸退也是

潮州鎮位在屏東縣的中央，凡機車三十分鐘能到達的地方，都是潮州店的服務範圍。簡健祐指出，潮州人口主要集中在市區，有近三十家房仲；大家房屋潮州店的物件中，三成是住宅，

02 眼光放遠，團隊合作創造新版圖

消費以在地客為主；七成是土地，以農地居多。買賣農地者未必是自耕農，許多人買來用於退休後的生活規劃，他看過有人把農地劃成九宮格，每一格種植不同蔬菜，宛如真實版開心農場，也有人用於雞舍、魚池、植樹、花園、果園、菜園、造景等。

房仲服務只限於成交嗎？簡健祐請業務思考過這個問題，並分享自身故事。有位客戶想賣屋，打電話指定店東上門一趟。簡健祐走進屋內，感受到屋主盡心布置他的家，屋主還分享如何做、在哪買，滿滿都是回憶，卻始終不願切入賣屋主題。簡健祐察覺對方的不捨，便問：「花這麼多心力布置的房子，為什麼想賣？」對方據實以告，因為臨時需要幾十萬，除了賣房他想不出別的辦法。

簡健祐把附近行情、服務費、其他雜支一一告訴對方，和善地提醒：「房子和人是有緣分的，如果賣掉再也買不回來，您會不會後悔？」對方露出難過的神情，簡健祐便告訴他，需要的金額不高，通常可循哪些管道向銀行借貸，說完便告辭了。隔天，屋主打電話向他致謝，表明已去解約一份保單，放棄賣屋的打算，末了誠摯地說：「簡先生，謝謝您，您是位好仲介。」

在教育課程中，簡健祐不斷提醒團隊：「請瞭解你所接到的物件，在GPS定位下，該位置只會出現它，從A棟換成C棟，或從二十五樓換成二十樓，視野所見就不同。每間房子都是獨一無二的，如果錯過它，再也找不到另一個它。」

他更要求業務，必須協助屋主和地主，確切瞭解一般約與專任約的區別，「我們不會排斥一般約，但兩者提供的服務有所不同，要讓客戶在真正明瞭之下做出選擇。」

智價社會專業有價，收服務費天經地義

簡健祐認為房仲的最大快樂，在於可以近距離欣賞別人的夢想成真。

「我們常在成交後，恭喜並祝福雙方，願這次交易帶給彼此全新的開始。對賣方而言，拿到這筆錢能做新的規劃，對買方而言，搬進這間房子能開啟新的生活。」

他認為店東的角色，是創造一個有助於買賣的合理範圍，業務站在第一線促成交易，辛苦自當獲得報酬。他勉勵大家：「我們的工作很神聖，請抬頭挺胸，收取服務費的時候不必

害羞，這是各位應得的！」

有位建商看了同一塊地兩次。兩年前，地主開價七千萬，建商瞧不上；兩年後，地主開價一．五億，建商打算砍價，才發現想買的人不只他一個。發覺砍價希望不大，便想砍房仲業務的服務費，簡健祐當面婉拒，堅持得收二％。

對方聲稱自己是大建商，歷來都能拿到優惠，簡健祐回應道：「老闆，您有沒有發現，自己總拿不到最好的土地？壓縮仲介費的習慣真的要改，相信我，您付這二％是值得的。」

這是智價社會，房仲賣的是專業，專業必

須被尊重，更何況成交後還有很多地方需要服務。作為店東，他堅守的不只是數字，更以合理收費來守護業務的自信心；相應於此，他也會督促同仁提升專業力，讓客戶覺得服務費付得有價值。

02 眼光放遠，團隊合作創造新版圖

店東
小檔案

簡健祐

大家房屋　屏東潮州加盟店店東

手　　機　0916-230-778

入行起點　二〇〇六年

座 右 銘　一切從簡，人定勝天。

03

心在土地，友善社區，關懷社會

吳庭輝
岡山阿公店加盟店

林群皓
三重正義加盟店

陳少逸
員林莒光加盟店

葉俞麟
屏東信義、澎湖誠信
加盟店

廖永震
臺北政大加盟店

廣結善緣，助他利人。

吳庭輝

岡山阿公店加盟店

從土地開發到房屋仲介，他在雙領域游刃有餘

在南非讀完大學，取得工業工程與機械工程的雙學位，吳庭輝回臺灣並未向科技廠報到，而是返鄉投入不動產業。

大家房屋岡山阿公店加盟店吳庭輝店東說：「工程師的世界需要精準，房仲業卻充滿人性與彈性，相比之下，我更喜愛後者。」

南非求學十一年，回國重新適應故鄉

國中尚未畢業就自己決定前往南非留學，當地親人只有移民的姑姑，吳庭輝接受的磨練，強度勝於一般青少年。求學的歲月裡，除了用功讀書，他還熱愛交朋友和做公益，從這兩件事找到快樂，並認知自己的價值。打開回憶的箱子，他開心說起自己搭了三十三小時的公車，跨越三個國家，從南非來到馬拉威照顧一群愛滋病童。他加入ＡＣＣ關懷中心，除了搬磚頭、整理圖書館，還花許多時間陪伴一群孤兒。

「那些孩子只要有人陪伴就很高興，他們把不要的塑膠袋緊緊纏成一顆球，就可以在烈日下玩到瘋狂。他們讓我見識到純真，以及簡單的快樂。」

由於思念父母，吳庭輝在南非當了三年工程師之後，便決定回國。剛當房仲業務時，因為口音的關係，常被詢問是不是華僑。相較於南非，臺灣競爭更激烈，機車數量驚人，起初開車上路會有點緊迫，但與隻身赴國外相比，能回家，還有什麼好怕？求學經歷除了收穫雙學位，還練就他一口流利的英語，每當房仲店有外國客戶，無論來自哪一國，同事就會趕緊找他支援。

岡山是吳庭輝的故鄉，這裡中小企業特別多，還有上百家螺絲工廠，為臺灣贏得「螺絲王國」的美名。自古，岡山是高雄與臺南的往來必經之地，貿易頻繁，岡山籃篧會（籮筐會）是流傳逾兩百年的市集活動。岡山人喜歡置產，近幾年因捷運開通至市中心、高醫大開設岡山分院、秀泰影城商場進駐、公辦八十七期市地重劃區等大型議題發酵，帶動了房地產的上揚。

「阿公店」是岡山舊名。在吳庭輝的加盟店裡，最常見的是年輕人首購，以及家長買給兒女成家的案例。「尤其是前者，大都頭期款有限，我們會盡力幫忙向銀行爭取，讓客戶的貸款成數高一點、利率低一點。」

帶領同事做公益，他是房仲好店東

吳庭輝說，大高雄有超過五十萬棟三十年以上的房子，而岡山有二十家房仲，三百位以上的從業人員，不動產的世界，能做的事情太多了！他除了經營自己的房仲事業，還得兼及父親的土地開發，忙碌程度可見一斑。

他比較兩者的差異性：土地開發需長期抗戰，一個案子進行三至五年是常態，重劃牽涉更廣，有時得透過訴訟等待結果，這一行，比的是耐心與抗壓性。房仲交易講求快狠準，大多數物件的交易對象算是單純，這是幫助買賣雙方達成夢想的事業，這一行，比的是速度與人和。

「四海之內皆兄弟，我在國外那些年，充分領悟到出外靠朋友的涵義。房仲業隨時在交朋友，這一點我很喜歡；儘管當店東很忙碌，但能做時間管理，我可以接送小孩、幫他們洗澡，這份彈性很難得。」

高雄市都更危老推動站
RECONSTRUCTION WORK STATION
Jia Hot Pot

吳庭輝選在大家房屋成立的第一年就加盟，從經紀人角色轉變為創業店東，他不諱言，初期是想趁年輕打拚，多賺些錢，然而店開了，團隊進駐了，客戶增加了，他的責任感油然而生，不僅想照顧員工、幫助客戶，更對房仲業產生了使命感。

豪爽的他把客戶當朋友，把同事當家人，自然化壓力於無形。本質上，他依然是那個熱血青少年，身為大忙人，照樣加入八個社團，還帶同仁一起做公益，舉凡種樹、捐血、淨灘，登高等，一呼隨時響應。之前農民為生產過剩所苦，吳庭輝認購了兩千多顆高麗菜，舉辦一場「愛心高麗菜」活動，許多民眾和老客戶遠道而來捧場，捐出家中發票，並把換得的高麗菜送至育幼院加菜，阿公店團隊則把三日裡募得的發票全數捐給伊甸基金會，成就了一條長長的愛心公益鏈，讓社會更溫暖。

與此同時，吳庭輝接納中高齡就業者，親自帶領新人，為他們示範如何開發客戶，進行專業實務指導，另外指派主管擔任新人的導師，協助他們適應職場。為鼓勵團隊發揮服務鄰里的精神，如果接了買賣租賃委託，屋主與房客的服務費都會讓利撥給業務。

鬱卒的後面可能是好運，不要放棄

「『戲棚下站久了就是你的』，我常用這句話勉勵業務，精誠所至，金石為開，太早放棄，兩手空空。」

吳庭輝之所以選擇泛信義集團、和住商是好兄弟的大家房屋，是為了善用外界工具與資源，及增加跟同業交流合作的機會。上有好體系、下有好團隊，只要誠信認真，成功不是難事。

03 心在土地，友善社區，關懷社會

他把員工視為企業的最大資產，除了給予適度管理、持續教育，店東要盡量疼惜大家，創造福利。在阿公店團隊，業績競賽是跟自己做比較；以往業績突破百萬可出國玩，疫情期間，吳庭輝把機票換成現金，沒讓大夥兒失望。

他經常為團隊打氣：「不要鬱卒太久，好運可能隨之而來，別太早放棄喔！」他開發第一個成交物件，就發生在冬季雨天機車拋錨的路上，在等待道路救援的時候，鬱卒的他決定找點事做，穿著雨衣四處拍照、抄電線桿上的出售電話，結果找到新莊高中附近的建地；事後運作一個多月，與學長聯手服務，順利成交。

「肯吃苦、不浪費時間是我的優點，這次成交大大鼓舞了我，有信心之後，路就愈走愈順。我告訴自己，房仲絕對是可以做的行業。」吳庭輝用他的故事，激勵了無數夥伴。

店東小檔案

吳庭輝

大家房屋　岡山阿公店加盟店店東

手　機　0929-922-264

入行起點　二〇〇五年

座右銘　廣結善緣，助他利人。

成交不宜強求，
力求圓滿。

林群皓

三重正義加盟店

憑藉勤勞與勇氣，他在創業之路快樂行

店長推薦
熱門推薦
大家房屋
GREAT HOME REALTY

換工作時，年輕人喜歡給自己預留一段時間「調整心情」。對有些老大哥來說，工作就是衝衝衝，寧可邊學習邊挨罵，照樣無怨無悔。

大家房屋三重正義加盟店林群皓店東，就是這麼一號人物，進入職場三十二年，所有空窗期加起來，四天！

跟自己約定，要做說話算話的店東

林群皓電子科畢業後，在交車中心從事汽車裝潢，一做就是十幾年。汽車長年熱銷，裝潢生意做不完，他常常得靠提神飲料硬撐。升格成為爸爸後，他想多陪陪孩子成長，下定決心轉行。

他的老同學在蘆洲當房仲，告訴他這是不錯的產業。林群皓心想：「既然老同學給出建議，就先試試房仲業吧！」那年林群皓三十五歲，起步略晚，但他相信只要自己認真學，一定能夠做好。

當房仲業務期間，他總共待過七家仲介公司，發現有些店東心口不一，無預警剋扣傭金，或把帶店獎金打折。氣憤之餘他在心中暗許：「如果有一天當上店東，我要說話算話，履行承諾。」後來朋友找他共同創業，股東們決議不介入經營，全權交由林群皓掌舵。

「我選擇在三重創業，因為這裡的交易比蘆洲熱絡。」林群皓沒說出口的話是，不想跟從前的同事競爭。依照他的習慣，一旦離開某家店就很少回去拜訪老同事，這是為了不讓對方為難，避免有人誤會他在挖牆腳。此外，他同意互助聯賣，卻不樂意和同行交流八卦。

成為店東後，他是阿莎力的老闆，除了服務原有的老客戶，他不再接觸新客戶，把機會全留給業務，不與部屬爭利。

「我尊重且信任自家業務，很少制定規範，只要求每週二、五定期召開十至十五分鐘的小會議，目的是訂正案源及公布。」

「每個物件從收斡旋開始，負責賣方的專員、負責買方的行銷，以及店東我，會成立『三人小組』，我的功能是隨時備援，在他倆需要協助時出馬，以及在必要時拍板決定。」

接納「婦出江湖」和「退休再就業」

三重正義店共十七名業務，有經驗豐富的老手，也有入行不久的新人，甚至有大齡成員，包括二度就業的婦女、退休後的老大哥和老大姐。林群皓用人不在意年齡，只在意心態。

「我不希望員工來上班是為了打發時間，我想要的人才是肯學肯做、珍惜這份工作。如果因為年紀大、學得慢，沒關係，我有耐心等他多學幾遍。」

「誰都想錄取高手，這樣怎會有明日之星？三重正義店願提供機會給想嘗試的人，這是將心比心，回想踏入這行時，我連按門鈴都需要鼓起勇氣！」

對靦腆的林群皓而言，陌生拜訪是最困難的一環，他找同事壯膽，又拜託學長姐帶他同行，靠著模仿前輩如何開口對談，慢慢進入狀況。

有鑑於老闆出面，往往帶給新人莫大的壓力，他將新人交給親和力較強的老手帶領，但還是會抽時間指點新人。他覺得實作是最有效的教法，理論陳述得再仔細，也難以判斷對方吸收多

光榮國中住辦一樓
案名:三民高中美三房
三民路3樓
專員:群皓行銷:佳和
成交
案名:三和3樓雅寓
三和路三段3樓
成交
案名:捷運美寓2房
明德街3樓
專員:涂哥行銷:秀琴
成交
案名:徐匯捷運壹樓
三和路四段1樓

少，即使當下聽得明白，等遇到狀況又忘光了。

「我認為手把手的教導、當下回報求助，效益遠勝於課堂理論。有需要我可以親自出馬，示範洽談給新人觀摩，猶如當年我在一旁，看學長姐如何從破題講起。我深信陪同是最好的教導！」

當業務接觸屋主或買方，有時不知如何回應，必須請示店東。林群皓會鼓勵業務盡量忠實轉述顧客的話，隨即提出臨場建議；有時業務與對方通電話，林群皓在一旁寫紙條提醒。他，宛如團隊的捕手教練。

三重區交易熱絡，公寓加蓋特別多

三重是新北市極熱鬧的區域，有錢人和辛苦人都不少，還有許多來自中南部的北漂人口。在正義店的服務範圍裡，一千萬元之內的中古公寓占成交件數的五成多。

「三重的老房子或多或少都有增建。以前的年代在使用執照下來後，便把法定空地推出去，起碼會多個兩、三坪，有的更誇張。由於虛坪少、總價低，這裡的中古公寓交易快速，順利的話二至三天可成交，最快記錄是一天。如果買方是外地客，通常會請家長北上複看；年紀較長的買主，步調比較慢，有人得去廟裡擲筊問神。」他從經驗歸納出這些狀況，會在教育訓練時傳授給業務。

「三重人地域性很強，下一代結婚買房，父母常要求買在自家附近，說法是『幫忙帶小孩、回家吃飯都方便』，如果頭期款由父母支付，這種現象尤甚。」他會提醒旗下業務，帶看時要同步關注兩代人的反應。

加蓋面積雖未登記在權狀裡，仍需提出正確數據。通常有兩個做法：其一，業務帶著捲尺到現場丈量，親自算出加蓋坪數；其二，如果加蓋到滿，看基地權狀，把建坪扣除，所得的數據就是加蓋面積。

正義店團隊常被店東提醒：「買主可能在這間房住很多年，屋況若有任何瑕疵，務必據實以告，這是我們的責任。」

林群皓有惻隱之心，遇到經濟較拮据的單親家長，他會盡力跟銀行溝通，得到較高成數的貸款與償還年限，幫助顧客順利成家。他勉勵團隊，能做的盡量做，能幫的盡量幫，用同理心去服務。

有營業員證照、有駕照、會騎機車，這是房仲業務的基本門檻，但也有例外，一位從教職退休的老大姐，靠著搭公車帶客戶看房，照樣做到年薪百萬。

林群皓把三重正義店當做自己的家，夥伴都是家人，「家和萬事興，我希望這個家沒有勾心鬥角，只有溫馨和諧。」

店東小檔案

林群皓

大家房屋　三重正義加盟店店東

手　　機　0970-624-235

入行起點　二〇〇六年

座 右 銘　搬新厝是歡喜的事，成交不宜強求，只在水到渠成中，力求圓滿。

有能力就去幫助更多人。

陳少逸
員林莒光加盟店

讓有夢想的人，有白手起家的完善環境

走過艱辛的成長歲月，陳少逸在房仲業找到安身立命的一隅天地。他不以獨善其身為滿足，而是勇於承擔更大的責任。

大家房屋員林莒光店陳少逸店東說：「感謝給我機會的貴人們，我想回饋社會，透過創業提升自身能力，去幫助更多人。」

從踏入房仲業起，餘生要為自己而活

陳少逸小二寫「我的願望」，他想當個董事長，因為能賺很多錢，讓爸媽不必那麼辛苦。從小主動打工，再微薄的錢都願意賺，只為把錢交給爸媽，看見他們欣慰的笑容。可是這樣的心願，他再也無法實現。

多數人的成長，是由父母提供庇蔭的天地，陳少逸卻在國三及高一這兩年，被迫面對天崩地坼的境遇。父母接連因車禍過世，失怙又失恃的四兄妹依棲於阿姨家與大伯家。

從化工科到化工系，陳少逸不敢不讀書，因為不知未來人生能掌握什麼，他唯有努力再努力，同時拚命打工，賺取學費也賺取歷練。退伍後第一份正式工作是在鋼管公司，他幾乎以廠為家，優秀表現讓他一年連升三級，腦海中卻有個聲音響起：「上班是必經過程，卻不是一輩子的事，這收入不足以完成夢想。」或許是窮怕了，他想要手足團聚，更怕將來沒能力照顧妻小，決意要等經濟實力好轉再成家。

阿姨和姨丈是收留他和妹妹的恩人，兩老經營的印刷廠需要幫手，他義無反顧回去幫忙，八年多裡，從管理、接單到出貨，他一肩扛起，讓兩老可以放心出國旅遊。

三十四歲那年，看著弟弟妹妹都成家立業了，他稟告阿姨：「我想出去闖一闖，後面的人生，我可以放心為自己而活了。」帶著家人的祝福，他展開新頁。

陳少逸在不動產與保險業之間權衡，兩方面都順利考取證照。客觀比較兩者業務與顧客的往來互動，他覺得房仲業更加平等，決定深入這個領域。

他告訴業務，
你們都是自己的小老闆

還是小業務的時候，陳少逸已決定未來要創業，成為安全交易平臺的提供者。「我想要保護的，不只是顧客的權益，還有辛苦的房仲業務們。」因為信念堅定，陳少逸很快實踐了夢想。

他在住商不動產擔任房仲業務時，遇到理念契合的夥伴，當雙方歷練足夠便合作創業，由陳少逸擔任店東，負責主外，好夥伴則擔任店長，負責主內。開張後團隊慢慢形成，主要服務員林及周邊鄉親。

他要業務別妄自菲薄：「我是出資的老闆，你們是出時間的老闆，我們是合作夥伴。」、「每個業務都是自己的小老闆。」他認為開店創業是利他利己的抉擇，為自己打造喜歡的團隊與氛圍，也為業務開創平等、互利、共享的完善環境。

陳少逸表示，加盟大家房屋體系，該有的規範和ＳＯＰ都有，是敦促團隊嚴謹行事的保障。管理上，他偏向美式作風，指示大原則作為行進方向，卻不緊盯細節，為彼此保留自主空間，也讓業務們練習自我管理。

有別於領底薪、低獎金的雇傭制普專，現在房仲業更盛行無底薪、高獎金的承攬制高專。員林莒光店以高專形式為主，人事直接成本較低，但隱形成本依然存在。陳少逸認同大家房屋的品牌效應，只要大環境不丕變，穩健經營不成問題。

團隊形象清新，店東把利潤分享同仁

堅毅不怕麻煩是陳少逸的性格優勢，也成為他教導業務的理念。他常勉勵旗下業務：「愈困難的案子愈少人願意做，只要我們不怕麻煩，懂得加倍小心，就能成全業績又幫助客戶。」

陳少逸曾幫印刷廠同事賣屋，因房貸高達五胎，債權人包括銀行、錢莊、同事的友人及鄰居。陳少逸一一找債權人協商，告知房屋交易時，買方會做履保，成交款會依順位償還，但需幫

New Open!!
大家房屋

忙先塗銷，否則無法交易和過戶。陳少逸與眾人談妥，由他簽下切結書，保證交易金額足夠償還，並與錢莊約好一手交錢一手塗銷。過戶當天，店長、買方、代書、履保公司、債務人（賣方）、債權人齊聚一堂，這次成交有如把糾結的線團解開，買方順利拿到房子，賣方解了燃眉之急，所有債權人都鬆了一口氣。陳少逸沒收服務費，卻收穫成就感、友誼、專業知識和協商技巧，對這類案件他再也無所畏懼。

陳少逸是果決的領導者，對上下班時間不做僵化的規定，有事要忙，在群組裡報備即可。他遏阻沒效率的會議，每週開會兩次，每次十來分鐘就解決。與此同時，他還是個沒架子的老闆，如果你在員林莒光店門口看到一個溫文儒雅的男士在掃地，不必懷疑，那是陳老闆，不等清潔人員上門，也不喚業務動手，他會親自整理環境。

員林是全臺存款上億、人口數最多的地方，有一百八十四公頃的重劃地，吸引四十六家房仲店來此設立，除了地區性建商，長虹、鄉林等建設公司也紛紛進駐，不動產交易熱絡。

陳少逸分析，大家房屋員林莒光店的顧客裡，有大量的客戶轉介紹，其中八到九成是專簽，口碑效益顯著。交易物件裡，七十%是房屋，買主以首購占半數，換屋自住約兩成，三成是投資轉售；另外三十%是土地，顧客包括小型建商和想要拓廠的企業主。

莒光店以誠信為企業精神，給人的觀感是形象清新又可靠，業務關注顧客的需求，體現店東「有溫度的服務」。除了捐款家扶中心幫助弱勢，陳少逸樂於照顧同仁，每年從店利潤提撥固定比例，作為員工的「半年獎金」和「年終獎金」，令團隊倍感窩心。

店東小檔案

陳少逸

大家房屋　員林莒光加盟店店東
手　　機　0915-392-171
入行起點　二〇一三年
座 右 銘　希望幫助很多人白手起家，有能力就去幫助更多人。

一分耕耘
一分收穫

葉俞麟

屏東信義、澎湖誠信加盟店

她實踐平衡與圓滿，在房仲界修行中庸之道

人生路途上的淬鍊，不僅能打磨出堅毅與韌性，面對充滿挑戰之際，更有勇氣與平靜，對於最熱愛的房仲業，葉俞麟胸有丘壑，她說：「在房仲界繼續修行，這行修習的是中庸之道，讓買主、賣主和自己，三方平衡且圓滿。」

投入房仲業已近三十個年頭，經歷過市場起起伏伏，葉俞麟在房仲界寫下許多傳奇篇章，更是許多年輕人心中的偶像，但回歸初心，她認為成功不應體現在金錢數字上，而是在利他、向善的心境中發揚光大。

指點成功心法：堅持目標、以強者為師

堅毅是基因，也是養成，葉俞麟從小被父母精心栽培，原本可能擁有一帆風順的人生，然而，國中時父親被員工捲款潛逃

而宣告破產，母親椎心的淚水令她無法忘懷。她下定決心：「看過這番起伏，我要自己賺錢、自己掌控，即使成家也要兼顧事業！」

幼時經驗改變她的人生，那年才二十二歲的葉俞麟，在服飾界創業並賺進人生第一桶金，二十三歲選擇挑戰房仲業，當時公司有數個團隊，她被分派在最冷門的單位，為尋求出路，她從銷售榜上找出最強的前輩，拎包拜師學藝。

「這位女前輩與我分屬不同團隊，我自告奮勇替她提公事包，只求讓我跟隨，觀摩她如何跟客戶互動。我的想法是，既然要學，就向最強的人學習。」她以這段經歷勉勵剛入行的新人，與其被動等待上級指導，不如主動以強者為師。

憑藉觀察與學習，她首月告捷，成交二七〇萬業績，營業額達一億，勇奪全公司第一名；傑出表現讓她的升遷之路有如神助，兩個月後升組長，一年後晉升行銷協理，一年半就成為分公司行銷副總。

也因為篤信「愈大能力要承擔愈大磨練」，即使在懷孕後期，她依然挺著肚子帶看。上蒼並未辜負這份堅毅，很快便讓她實踐事業成功，與財富自由的心願。

如今，身為屏東信義、澎湖誠信加盟店的店東，常有新手請

教：「我沒有經驗，要如何出人頭地？」她總是微笑以答：「經驗？我以前也沒有。不過沒關係，只要認真學，永遠來得及！」

君子慎始，跟應徵者面談兩小時

葉俞麟重視品德甚於一切，她認為，奸巧詭詐之輩就算是銷售天王，為了團隊，照樣開除。她說過：「我的選才標準很簡單，人品第一，操守優先，如此而已！」

也因為認為人的本質是一切基礎，在葉俞麟的觀念裡，「找到對的人」至為重要。每每當團隊計畫擴編，她會親自接待應徵者，在兩小時面談中，闡述自己的理念，並傾聽對方想從職場獲得什麼、未來的生涯藍圖。在她的觀念裡，勞資是平等關係：「我不僅考量對方是否為團隊所需人才，也考量這份工作能否讓對方實現理想。」

身處產業，她體認「處理人與人之間的利害關係」是箇中真諦，畢竟不動產是人一生中購買的最昂貴商品，利害衝突之大，可想而知。最適合房仲業修行的大智慧是「中庸之道」，做人執中，不偏不倚，理性與感性必須兼具，既守住安全交易，服務又不失人性溫暖。

「我年輕時性子急，很難忍受別人反應慢。如今我能接受任何步調，因為我知道，每個從業夥伴都想把客人服務好，我們都在修中庸之道，於工作中盡自己的『天責』。」

「做房仲要不卑不亢，不迷失於名、權、利。」成為店東後，她置產卻不投資不動產，因為不想球員兼裁判。更重要的是不要因為常常過手高總價個案，就迷失了方向，「務必在工作中守住本心」不僅是她對同仁的叮嚀，更是自己的實踐。

她總是勉勵旗下業務：「有想法就去做，即使錯到撞牆，轉身就好。人生是在不斷錯誤中開發價值，缺乏膽識便難以突破現局。」

創業回饋鄉里，倡導素養和仁義

「澎湖和屏東都是我家鄉，在這兩處創造就業與服務機會，是我回饋鄉里的決心。」

在屏東信義店，葉俞麟強調人格素養，她認為，從事不動產經紀業，不僅僅在創造業績，應秉持服務及回饋的精神，為產業注入「善」的理念。為了讓同仁透徹了解正確的業務流程，她與客戶互動過程中，無私地讓同仁在旁學習，身體力行，以基層實力服人。當團隊去集看，有時遇到其他房仲，她帶著同仁不爭不搶，安靜等候，總獲得社區管委會和鄰居一致讚許：「你們大家房屋的氣質最好！」

在澎湖誠信店，她強調仁義，用良善與耐心去和鄰里互動。曾有太太來看屋，當場下斡旋，先生複看卻不滿意，葉俞麟當下請業務把斡旋金退還，寧願不成交，也不願造成客戶夫妻失和。

「澎湖十八家房仲店，半數是我的員工出去經營的。我現在的團隊小而美，成員均為合作逾二十年的老夥伴，主流商品是土地和新成屋。澎湖夜間活動少，無須營業到太晚，我喜歡員工擁有正常的家庭生活。」

臺灣人喜歡買房，澎湖和屏東也不例外。尤其是澎湖，當地沒有太多消費機會，存款累積到一定程度就買屋或買地，因為不

動產不會遺失、無須擔心通膨，又能滿足內在的安定感。「在澎湖，包括農地、住家和財產繼承，一個家庭平均有三件不動產。」她笑說。

除了業務執行和店務管理，葉俞麟身兼教育訓練講師，無論是專業知識或是人際互動，她都是好手，每逢品牌總部或公會辦演講，她必定鼓勵業務參與。特別是新人加入，都規定由資深學長帶領，她則利用週會時間從案例入手，講述客戶服務、法律常識，或做契約導讀。

聊起團隊特色，她總自豪：「我的團隊擁有『隨時調整自己』的應變力，士農工商，我們都能服務好。」

經營事業外，葉俞麟更致力於公益活動及公會事務，她擔任不動產仲介經紀商業同業公會全國聯合會教育委員會主委，參與「全國房仲女店東木蘭會」和「全國金仲楷模獎精英會」的創立。

為鼓勵大家精進，成為房仲業的領頭羊，多次商請精英赴各鄉鎮演講，她在各地走訪陪同，期許自己成為房仲介的「擺渡人」，幫助同仁、後輩走在正確的道路，到達成功彼岸。

問她這樣辛不辛苦，葉俞麟堅定地說：「忠於敬業、愛業的態度與勇氣熱忱服務地執行，是不動產仲介工作者的真正核心價值。我將持續與傑出楷模菁英們擰成一條繩，繼續為提升產業而努力，這是提振房仲使命感與社會地位的最佳做法！」

店東小檔案

葉俞麟

大家房屋　屏東信義、澎湖誠信加盟店店東

手　機　0933-373-384

入行起點　一九九三年三月一日

座右銘　一分耕耘一分收穫，那份收穫是上蒼賜予的必然。

最遠的距離是從想法到行動之間。

廖永震

臺北政大加盟店

他帶領團隊一起拚事業，而不只是拚業績

對於想拚搏卻苦無學歷的年輕人，大家房屋臺北政大加盟店廖永震店東給予的建議是「歡迎加入房仲業！」他認為房仲是個容易有成就的行業，即使沒有家世背景，也有希望發展致富。

換過無數工作的他，在人生最窮途潦倒時與房仲業結緣。一進入這行，他就知道自己來對了，而且確定自己終將要創業。

要在文教區立足，專業知識是強棒

來自雲林崙背的務農家庭，廖永震是七個手足中的唯一男孩。退伍後從事業務工作，做過美髮材料、保健食品、石斑魚苗養殖和旅行社領隊，經營過命理顧問中心，甚至會開大卡車。

廖永震對房仲業的第一印象並不好。早期工作的美髮店對面有家房仲公司，一成交就會放鞭炮，小小年紀的他常望向對街，覺得那群站在門口抽菸的人看起來不太正派。

人生就是這麼奇妙。二〇〇五年，廖永震在臺北闖蕩了十幾年，身心俱疲，對未來感到茫然，這時姐姐向朋友推薦他去做業務，正巧就是房仲業。店東與他相談後，覺得這年輕人觀念不錯，便交付他一項任務：去政大二期重劃區畫地圖，並相約一週後見面。

「這是我第一次認真觀察街道與房子，認真畫了好幾天。店東看出我的用心，還指點我，路口和特別明顯處應加註標記，這樣客戶才容易找到路。我恍然大悟，原來老闆在訓練我了。」

入行後，廖永震對主管說：「您不一定要親自帶我，做的過程我會找到問題點，請您允許我提問。」靠著摸索和請教，他成為閃亮的業務。二〇〇八年金融風暴來襲，許多房仲店收攤，他決定逆向操作，帶著六個業務及一個祕書自行創業。

廖永震認為，在木柵開店頗有挑戰，這裡文教氣息濃厚，住著大量公務員與中產階級，客戶裡有不少專業人士，他們個性謹慎、喜歡發問，渴望獲得答案。他提醒業務：「想在文教區立足，專業知識要夠強，否則無法贏得信賴。請大家為交易安全把關，並多涉獵稅務知識。」

同事家人齊心打拚，比風水更重要

廖永震當店東，除了想改善生活，更想幫助身邊的人一起變好。他的團隊裡有好幾位家庭成員，包括妻子、三姐、七妹和大舅子。

他瞭解員工大都擔心公司變成家族企業，怕老闆一味護著自

己人。為了自清，廖永震「嚴以律己，寬以待人」，盡可能公平公正，若資源有限，也優先提供給其他員工。

「我的手足從未抗議，也不曾質問我為何這麼做，而是無條件支持我。」

廖永震常被想創業的朋友詢問，選擇店面很重要嗎？他表示好店面確實能加分，但如果決心非開不可，這份執著勝過一切。他舉創業的經驗跟大家分享。

創業之前，廖永震租下現有店面，並把正門轉向，開在有腹地的那一側。開店之初，有位風水老師唱衰：「你們以為這是倒畚箕厝？這根本是剪刀煞！大門和醉夢溪形成背水一戰，不快離開，不到半年就會一屁股債。」

這番話令廖太太擔心不已，廖永震卻不以為意：

「月租三・五萬，外牆帆布廣告出租可回收二・五萬，等於每月只花一萬元房租，已立於不敗之地。店裡成天有業務和客戶進出，客戶還可能帶小孩來，比起一跨出去就是車道，正門轉向絕對是明智之舉。至於剪刀煞，無論政大一街或指南路二段，車怎樣開都不會撞進店裡。醉夢溪的確在旁邊，背水之說我不否認，我把這幾年積蓄全投入創業，有沒有那條溪都是背水一戰！」

他以「先顧肚子，再顧佛祖」成功說服太太，夫妻倆約定在此認真經營，一旦賺錢就要植福。至今，他們每隔一段時間就去育幼院幫忙和捐款，並邀員工同行，打造回饋社會的企業文化。

服務自成一格，主動關懷弱勢族群

「文山區大品牌的房仲近五十家，政大店自成一格，因為我們是做事業，不是做業績。」廖永震深耕地方多年，舉凡里長活動、地方社團、學校運動會，都會看到他的身影，每年贊助帳篷的花費高達四十萬元。政大店出錢出力，常設計遊戲供民眾闖關拿獎品、租借棉花糖機讓小朋友動手體驗，並在現場免費做不動產諮

詢。

「我把這些開支視為廣告費，增加政大店的曝光機會。這個策略發揮成效，帶來委託之餘，居民漸漸把我們當成朋友，遇到不動產問題會來電諮詢。」

廖永震擁有溫暖的心，隨時伸出援手，關懷弱勢族群。他為不少客戶圓夢，最難忘的，是幫助一位單親媽媽，在安康平宅改建前搬進新家。這位母親是家暴受害者，獨力撫養一對女兒，社會局安排她在清潔隊掃街，她還兼差打掃，拚命存錢就為了想搬離。有天經過政大店，看見一戶中古公寓出售的廣告，令她心動不已。屋主開價七百三十八萬，但她財力有限，經過十天斡旋，屋主降價八十八萬出售，母女終於有自己的家。

安康平宅附近的明道國小，半數是弱勢學童，隔代教養和經濟弱勢是普遍現象。學生要出國比賽，沒有錢辦護照，廖永震會主動捐助，或替團體尋找表演機會進行募款。他希望孩子們能從活動中找到自信，不因原生家庭而自卑。

事業、家庭兩得意，廖永震最感謝另一半王儷穎，他出門打天下，便把政大店的內勤與人事交由太太打點。「她帶動辦公室的和諧氛圍，更把員工照顧得無微不至，是個好媽媽、好老婆、好媳婦、好老闆娘。」

他感性地說：「還要感謝所有夥伴，能擁有這群團隊，是我此生最大成就。」

店東小檔案

廖永震

大家房屋　臺北政大加盟店店東
手　　機　0932-234-345
入行起點　二〇〇五年
座 右 銘　最遠的近距離是從想法到行動之間。

04

秉持誠實專業，與顧客共榮互信

王國榮
雙連捷運加盟店

江永信
新營加盟店

高國鈞
土城重劃區、
土城金城加盟店

黃品心
北大學成加盟店

楊玉鄉
臺東四維加盟店

我愛大家，大家愛我。

王國榮

雙連捷運加盟店

圓眾人的成家夢，也圓自己的創業夢

雙連的美，王國榮最知道。從白日到夜晚，樣貌多變，宛如一幅流金彩繪，從不同角度看有不同風采。

因為外公曾是雙連國小校長，大家房屋雙連捷運加盟店王國榮店東小時候經常來到這裡，當年小男孩並沒想到，有一天會在這裡圓了鄉親的成家夢，也圓了自己的創業夢。

堅持專業，交易安全擺在第一位

三十多歲時，王國榮透過房仲公司出售房子及車位，卻連續數年收到地價稅單，原來是代書過戶「沒過乾淨」。偏偏買方已轉售，新屋主不願配合過戶，房仲公司又兩手一攤，向公部門陳情只獲得「誰名下誰繳稅」的回覆，最終只能請法院把土地拍賣，扣除稅款後捐助公益。

「買賣不動產這麼重要，難道不該更專業嗎？」他想。

基於這個念頭，一九九三年王國榮毅然投入房仲業，想憑一己之力守護不動產交易安全，他給自己的定位是：把認識客戶當做交朋友，用專業知識協助買賣雙方瞭解交易過程。八年後他進一步創業，始終把「交易安全」擺在第一位。

身為店東，他從自身做起，大量閱讀並勤於進修，除了把教育訓練課程分享給同仁，還持續關注各縣市政府每一季對不動產經紀人員的懲處案情，並收集媒體報導的交易糾紛、法院判例等，在會議中與同仁交流。

王國榮認為經營者有義務制定規範，「當你清楚劃出底線，員工就知道什麼事不能做，連商量都不需要，便會直接拒絕不對的事。」以前常有屋主隱瞞瑕疵，或要求業務輕描淡寫，不要註明壁癌、漏水、海砂屋等屋況，對於這類要求，雙連店團隊不僅拒絕，還會提醒屋主若不據實告知，將面臨哪些法律責任。

從產權調查、物件瑕疵到金流控制，雙連店採取最高標準，曾有老手抱怨「沒必要這麼麻煩」，王國榮從專業角度解釋為何必須落實，還動之以情：「不動產價值高昂，顧客交付的往往是畢生積蓄，我們愈謹慎就愈能提供保障。」倘若無法建立共識，他會請對方離開團隊，其他同仁看在眼裡，便明白店東堅守交易安全的決心。

菜市場哲學，領悟多元用才策略

王國榮坦言創業之初，設想要開一家窗明几淨、科學化管理的房仲公司，經過幾年的摸索，這想法逐漸轉變。

大家贏
我才贏
我愛大家
大家愛我

雙連店附近有全聯，還有雙連市場，前者燈光明亮、空調舒適，貨品分類井然有序；後者摩肩擦踵、叫賣聲此起彼落，蔬果魚鮮鍋碗瓢盆散見各攤位。

一方水土一方風情，王國榮頓悟了，他不再堅持要當「全聯超市」，甚至心想：「如果店裡註定發展成雙連市場，又有何不可？」從此，他不再拘泥於店面該有怎樣的光線與格局，只要守住本心，打造和諧團隊，這家店會發展出屬於自己的樣貌。

他更從菜市場觀察到，各攤位的老闆銷售手法不一。他不禁思考：「一家店裡必須全是菁英嗎？」考量後，他決定雙連店的用才政策要往多元化發展。

「有人善於帶氣氛，有人擅長游說，有人專攻快速成交，有人適合開發客戶，只要理念相通、價值觀相近，雙連店歡迎各種人才加入。」他笑著說：「我真心認為，人生要追求的不只有利益，事業要追求的不只有業績；在追求過程中，可否讓人性更溫暖一點，多跟客戶成為朋友？」

王國榮希望形塑「有溫度的房仲文化」，實踐的前提是先打造一支「有感情的服務團隊」。起初，一位喜歡烹飪的同事帶菜來做飯，王國榮則買些熟食替大家加菜，再後來他會掏腰包贊助同事買菜，大夥兒開始在店內用餐，有人想煮就自動去做菜。「一起吃飯」這件事讓辦公室氣氛變得融洽，愛計較的人慢慢被感化，三不五時還會辦一人一菜的聚餐活動。事業夥伴發展出親人般的情誼，這是雙連店自然形成的特質，團隊的情感被觸發，自然把顧客當朋友。

帶領團隊，享受服務更甚於成交

教育員工時，王國榮必會提醒大家，現代人與房地產關係已然轉變，當遷徙不斷，不動產變成動產，觀念要隨之調整；顧客買房可能為了一圓成家夢，更可能把房子當成理財工具。業務員必須靈活看待手上的商品，充實財經知識，才能提供更優質的服務。

他更告訴新人，房仲是把對不動產的專業知識，結合人際關係的經營，幫助客戶圓一個幸福的夢想。收取合理利潤是必要的，卻不是重中之重，倘若缺乏使命感，會讓成交失去溫度。

房子是給人住的，人因為相聚，有了溫度和感情，房子才成為家。他要求團隊自我提醒：「我們介紹給客戶的，是冰冷的房子，還是成全他對家的夢想？」

為扮演好店東的角色，王國榮自許成為公正的仲裁者。他曾辭退幾個業績出色的業務員，因為他們惡性競爭，破壞團隊和諧。王國榮說：「我接受鯰魚效應，知道能刺激團隊產生危機意識，進而提升活力；然而，鯰魚如果變成鬥雞，那會造成團隊分裂，絕不是雙連店所要的。」

王國榮喜歡登山，年輕時著迷於攀登峰頂的征服感；如今的他，在登山過程會敬畏大自然，欣賞四季流轉，進而體會人生哲理，在每一次挑戰與困難來臨時，得以堅持，跨越心中的那座山。

「登山對我影響深遠，每當遇到難關就自我鼓舞：再苦的山路我都咬牙走上去了，再忍忍，轉個彎就到了。」這是房仲生涯與歲月送給王國榮的智慧禮物，他會帶領雙連店團隊，成為擁有使命感的圓夢人。

店東小檔案

王國榮

大家房屋　臺北雙連捷運加盟店店東

手　　機　0910-121-026

入行起點　一九九三年

座 右 銘　我愛大家，大家愛我。

知未明，觀未見。

江永信
新營加盟店

帶領團隊用誠意打動顧客，用勤勞打敗麻煩

山頂小孩進城打拼，經常遇到愛耍詐的「聰明人」，這個故事會怎麼發展下去？

大家房屋臺南新營加盟店江永信店東笑著說：「我就是那個山頂小孩，吃虧久了，慢慢就會少上當，而且我要求自己實在做人。房仲業很好，容得下善良的特質，你看，我還可以創業開店！」

把「無私的幫忙」形塑成團隊文化

房仲業注重人際關係的經營，客情需要長時間耕耘，這是每個認真業務的無形資產。當業務時，江永信看到有些店東為獲取更大利益，不僅沒有公平對待員工，甚至還會掠奪員工的人脈，這種「道義放兩旁，利字擺中間」的做法令他心寒。

04　秉持誠實專業，與顧客共榮互信

「我決定創業，一來為了自我挑戰，二來希望創造理想環境，提供一個公平的交易平臺。我深深有感，利益優先的結合關係不會長久，我的目標是打造一支『只有互助沒有掠奪』的合作團隊，可以一直一起走下去。」

當顧客走進大家房屋新營店，一旦表明「我要找業務A」，只要成交就屬於A的業績；即使當下A不在店內，夥伴會招呼顧客喝茶稍待，同時聯繫A盡速返回。假設A正休假不克前來，店東和其他夥伴會幫忙服務這位客戶，成交的業績仍歸A所有，江永信把這稱為「無私的幫忙」。

「剛加入的夥伴可能質疑『這樣公平嗎？』但很快便發現：『喔！這家店就是這樣！』長期貫徹這項規定，久而久之便形塑為文化。『無私的幫忙』不需也不該被計較，任誰都有忙不過來的時刻，下次受人幫助的，很可能就是你。」

以「恩威並用」作為管理經營手法

以前常聽前輩感慨：「高專業務以獎金為主要收入，與傳統的靠行性質相近，店東很難對他們有約束力。」對此，江永信抱持不同看法，他認為加入團隊就得接受基本規範，如同做人有底線，做事也要有規矩，因此他採取「恩威並用」的手法來管理團隊。

在施恩方面，江永信成為店東後，內勤工作占去許多時間，而投身這行十年來，他已累積大量客戶。「當業務表現良好，我會把自己的客戶分配給他，以此作為獎勵。我發現這對他們是很大的鼓舞。」

2020 住商機構年會
住商不動產
住商
不動產

在立威方面，新營店團隊講求尊重，下屬對上司必須誠實回報，並嚴格落實記載，否則他人臨時接手容易評估失準而誤判，進而造成客訴。身為店東，江永信常站在觀察的角度：「如果業務因習慣散漫而出錯，只要不致造成顧客的損失，有時我會刻意不提醒，等待受挫後再請他深刻反省，這樣反而成長得更快。」

「踏入社會我就想清楚了，我想賺取比薪水更高的獎金，給家人更好的生活，做業務乃至於創業，都是必然選擇。」江永信將心比心，認為好業務會有企圖心：「如果我的部屬夠強，也有創業念頭，除了給予祝福，我還可以投資他。至於老幹部，我衷心感謝大家把精華歲月拿來與我共奮鬥，所以我會送股份，讓他們不出一塊錢就成為這家店的股東，每年可分派紅利。」

凡是上門委託，無分大小等同重視

江永信待過住商體系，對總部的用心、後臺資源和教育訓練給予極高評價，聽說住商推出大家房屋這個新品牌，他便決定加盟。總部果然沒教他失望，開發「ieasy GH」App，透過行動裝置可即時掌握訊息，管理店頭也更便利，而對店東與經紀人的教育課程非常扎實，讓他省下不少心力。對顧客來說，當他們知道大家房屋承襲住商四十年的經驗，很快就認同並感到安心。

江永信很喜歡周星馳《功夫》電影裡，阿鬼對包租公說的那段話：「能力越大，責任就越大，你避不了的！」創業開啟了他的思維：「有能力的人未必能產生責任心，但有責任心的人會迫使自己學習，終將擁有能力。」因此他以責任心作為挑選人才的要件，也勉勵團隊夥伴成為有責任心的房仲。

堅持「房仲是服務業，不可看高不看低」，新營店的經營理念是用誠意打動顧客，用勤勞打敗麻煩，不管物件價值多寡，一律全力以赴。江永信教育新人時會強調「誠意是最好的說服力」，他以自身經驗為例，經歷一場價差五十萬的斡旋失敗後，他七度陪伴屋主老伯上教堂卻絕口不提買賣，最後老人家主動開口：「我看到你的誠意了，告訴買方再加十萬塊，我賣了。」

某些不動產處在「麻煩狀態」，必須先處理才能交易，儘管有人認為投報率不佳而拒絕服務，新營加盟店卻不推辭，只要客戶上門必定不負所託。他們曾幫一位失去老伴的阿嬤，解決困擾多時的不定期租約，為找到房客，從臺南往嘉義新港跑了十一趟，總算把不定期租約改為定期，並在合約到期前通知不續約，

順利收回房子。

店裡同仁服務過的最低總價是二十二萬元，這塊小小的農地由多家房仲經手過，最後找上新營店，兩個月就成交了。不久前，白河一塊土地順利成交，但買方要求把地上的電線杆移走，為此，業務同仁請江永信店東偕同前往，並請台電人員一起會勘，當地鄰里長也都到齊，吸引不少左鄰右舍圍觀。聊起這塊地的規模，江永信說：「總價三十萬，六%的服務費是一・八萬，該有的服務一項沒少。」

他要求同仁堅守一個原則：「無論是三十萬或三千萬，該鑑價、該除草、該整理的，每一項都要做到澈底。」這絕非口號，走一趟大家房屋新營加盟店就會發現，店裡竟然有除草機和鏈鋸機，這支團隊的服務，絕對是來真的！

店東小檔案

江永信

大家房屋　臺南新營加盟店店東
手　機　0926-575-829
入行起點　二〇一一年
座右銘　知未明，觀未見。

成為熱情且有能力助人的人。

高國鈞

土城重劃區、土城金城加盟店

加盟半年展二店，他的成功之道是積極與擔當

從斗六老家北上求學，讀的是熱門的資訊工程系，親朋好友都以為阿國將來會去竹科當工程師。

大家房屋土城金城加盟店高國鈞店東說：「我的同學幾乎都在竹科上班，我本以為自己也是，但我想要過得更不一樣，很慶幸我選了房仲業。」

從拿逐字稿開會，進步到隨時能分析

高國鈞的軍旅生活順遂，有許多時間思考未來。資工系學長大都進入科技廠服務，他卻覺得自己更喜歡自由。退伍前一週的凌晨三點鐘，他打電話給女友：「我想清楚了，我要當業務！」交往多年的女友瞬間驚醒：「你瘋了嗎?業務太複雜了！」

幸好女友沒被這通電話嚇跑，後來，還成為他的人生伴侶。

二〇一一年奢侈稅上路，掀起一陣逃命潮，許多人拋售不動產，是房仲業景氣很糟的時機。高國鈞逆向思考：「有人拋就有人接，房仲是必需的產業。」加上想親自帶團隊，他決定直接開店。

「多數店東是在直營店或加盟店當營業員，之後跳出來獨立開店，或和同事聯手創業。我想要更大的自主空間，便跳過這個階段直接加盟，接受專業的店東培訓，還請來店長幫忙管理工作，讓我能持續去進修激勵課程與經營課程。」

聊起趨勢與管理，高國鈞侃侃而談，很難想像在創店初期，他開會得帶草稿上場：「我照著逐字稿，一個字一個字唸。我是先學如何當店東，再學如何當房仲業務。」

從其他房仲公司轉招，加盟大家房屋後，同樣當店東，高國

榮耀 幸福@YOU
2021 住商機構年會
住商機構
FREE'S
CALL:0982509937

鈞卻覺得更游刃有餘。「我終於體會到，一個好系統對管理有多重要！」

二〇二一年三月分，高國鈞的第二家店正式開張，土城重劃區加盟店與金城店相距三公里，既可相互支援又能擴大服務範圍。身為兩家店的店東，靠著系統的協助，兩店正在流通的物件，他可一覽無遺；物件進行價格修正，也能立即得知，不必擔心訊息漏失。

全面支援：從服裝、語氣到情緒管理

高國鈞深信「勉勵」的效果遠大於「要求」。對人和善的他採取美式管理，給出明確方向，但不計較細節。他常對業務說：「把自己的格局放大，你們都是一人公司，店東只是平臺的提供者。即便是新人，獎金成數也和老手都一樣，所以請不要小看自己。」

加盟總部的特約代書常游走各店，不只一位代書告訴過他：「你的員工看起來像一家人。」主動互助、不計較利益分配，這是高國鈞以身教帶出來的風氣。

拜板南線捷運與新北市立土城醫院之賜，土城區房市交易熱絡，近來有補漲的趨勢。在金城店，許多成交案例是首購，沒有交易經驗的買方格外需要房仲協助。他告訴業務：「我們交易的是年輕人的第一套房子，能參與他的人生大事，是榮幸，更是緣分。」

年輕人購屋成家，幾乎都會帶家長去複看。許多業務覺得長輩比較難溝通，頻頻向「爺奶殺手」高國鈞請益。

「順」是高國鈞面對老人家的態度，溝通時，他不急於否定對方的看法，比較理想的做法是，把話題引到長輩在意的事項。當阿嬤嫌棄屋況太舊，可回應：「對啊，四十年的中古屋的確老舊，但也因此便宜很多，只要妥善整理就會很好住。」然後帶阿嬤去看前任屋主已換過的電線，讓她曉得安全無虞就放心了。

夏天換季穿短袖時，高國鈞注意到某位新同仁手臂上有刺青，他對此沒有成見，但仍提醒對方客戶的觀感不一，不妨穿上長袖襯衫遮掩，同仁照做之後，跟顧客的互動果然更順利。有的年輕夥伴講話直白，或把口頭禪掛在嘴邊，這些習慣沒有惡意但畢竟失禮，他建議大家把講話語調放和緩，遣詞用字不要粗魯，會讓氣質有顯著的提升。

每週一和週五，金城店召開一小時的全員會議，結束後有需要的人，可找店東進行一對一的諮商。團隊都知道，他是大家的「心靈張老師」，不拘公事或私事，鈞哥會幫你。

鼓勵業務雞婆，或許一切因你而不同

交易安全是房仲傾力守護的目標，然而詐騙集團只要調出二類謄本，從它項即可獲知房子有無貸款，有時會成為歹徒覬覦的對象。業務除了要有能力識破詭計，更要為屋主建立防騙概念。

高國鈞在安全交易課程中，常引述一個親身經歷的案件。一位六十多歲的老大姐是所有權人，由兩位乾弟弟陪同來賣屋，並親簽委託書。買方請求斡旋時，老大姐看起來神情恍惚。簽約當天，乾弟弟帶著妻小到簽約現場，老大姐有家人卻沒出席，高國鈞覺得事有蹊蹺，便設法聯繫其家人。

2021 住商機構年會

代書提醒他：「有屋主的親簽，你最好不要干預。當尾款從履保帳戶轉到所有權人手上，她把錢交給誰，你管不了的。」高國鈞知道代書說的有理，然而他直覺必有隱情，若坐視老大姐被不相干的小混混把錢騙走，他無法跟自己的良心交代。因此，他主動聯繫到老大姐的女兒和女婿，請他們來店一趟。大家碰面後才知道，老人家被所謂的乾弟弟拐騙，以帶她出遊之名，行軟禁之實。眼見騙局被戳破，乾弟弟們開始勒索這些日子的開銷……。

從這故事他做出結論：「當雞婆一點、多問幾句，或許能力挽狂瀾，讓客戶的資產獲得保護。」

為了成為好店東，高國鈞花大量時間與業務交談，從中瞭解他們的狀況。「房仲業務是一份高壓力、高挫折的工作，但我的團隊離職率很低，我認為和一對一諮商有關係。我會繼續努力，帶專業，也帶心。」

店東小檔案

高國鈞

大家房屋　土城重劃區、土城金城加盟店店東

手　　機　0927-119-219

入行起點　二〇一一年

座 右 銘　成為熱情且有能力助人的人。

專心比專業重要。

黃品心

北大學成加盟店

千萬經紀人創業，她從人生谷底重新攀上高峰

626
大家房屋

如果把人生轉折想像成音符，你的樂曲是什麼風格？黃品心半生起落，大概只有激昂的命運交響曲能傳達得出來吧！

大家房屋北大學成加盟店黃品心店東說：「進入房仲業那年我四十四歲。當時，二十二歲就創業的我一切歸零，更精準地說，是變成負數。負債七千萬的中年婦女，有爬出谷底的一天嗎？感謝房仲業，它讓我不僅站了起來，還攀登上另一座山峰，看到不同風景。」

千萬經紀人加店長，黃金拍檔創業

活潑的黃品心很小就知道自己喜歡賺錢。小姑娘開了一家舶來品店，九年多之後轉做授權品牌文具禮品進出口貿易，主要往來國家是日本，部分商品則內銷賣往百貨公司。二〇〇八年九月，雷曼兄弟宣布申請破產保護，隔月她就被臺灣廠商倒了七千萬貨款。

黃品心捫心自問，自己在生意場上從不做缺德事，為何遭此厄運？不甘心與委屈令她嚎啕大哭，哭完卻跟自己說：「有人對不起我，可是我不能對不起別人。」於是，她賣掉不動產，找銀行協商，逐步處理債務。

「既然欠錢，就認真賺錢吧！公司庫存得處理，賣屋得搬家，還得找工作謀生，每月七十五萬的利息壓得我快喘不過氣來。」

二〇〇九年九月是她人生的轉捩點，她的貴人，一位靈鷲山的師姐心疼她，帶她去當房仲。被喊了二十二年老闆娘的她放下過往，從小業務開始做起。

「作為菜鳥，我最常被吩咐去幫學長姐送鑰匙，還常因為找不到門牌而挨罵。」黃品心邊回憶邊大笑：「幸好我的partner林清茂口條清晰，搭配我這個文書神打，我們簡直是黃金拍檔。後來他升為店長，二〇一三年我成為千萬經紀人，不僅把債務清償完畢，又攢了三千萬存款。」

二〇一四年房市景氣下滑，許多店長因帶店獎金銳減而離職。黃品心與林清茂相約一起創業，二〇一五年加盟大家房屋，在樹林區開設北大學成店，並簽下北大特區和大三峽包區，二〇一七年再於三峽區開設北大大德店，兩店相隔三條街卻跨屬兩區，可以相輔相成。

「我和清茂都曾商場失利，在房仲業找到重生的機會。我略有薄產能創業，清茂有管理長才，我邀他以技術入股，他當店長

04 秉持誠實專業，與顧客共榮互信

主內，我當店東主外。」

每天開課一小時，打造房仲小學堂

北大特區是以臺北大學為核心的重劃區，橫跨三峽區與樹林區，不大的範圍裡有大學、高中、國中及三所國小，又被稱為北大教育城。政府在此種植了五萬多棵樹，人口原本不到一萬，因優質環境和低房價，吸引雙北客和新竹客來定住或置產，如今已逾六萬人，生活圈自成一格。

北大特區的房價曾經一日三市。二〇一三年之前，大三峽加北大特區，大約有九十家仲介公司；等到黃品心二〇一五年創業，剩下四十家，之後只有小幅增減。黃品心決定簽下包區的關鍵是，她相信好業務會有企圖心，遲早有人會想開店，只要對方能力夠、觀念新，她同意對方在區域裡拓店，甚至願意協助資金，成為合夥人。

投入十二年來，遇到多次景氣波動，黃品心已安之若素。她說，景氣好的時候，就像風箏遇到起風，順勢飛高一點；景氣差的時候，正適合做教育訓練，甚至鼓勵夥伴用功讀書，去拚不動產經紀人執照。

「不只新人需要教育訓練，業務也要溫故知新。」北大學成店每天下午四點鐘開課，歡迎業務有空就來聽，每週三由黃品心店東上文書課，其他日子由林清茂店長上實務課，每天充電一小時，儼然成為「房仲小學堂」。

不計時間成本講課，是因為他倆在菜鳥階段，都曾向學長請益，卻被反嗆：「怎麼連這都不會？」當年的情景，他們不想再

2021.02.15 17:13

看到了，決定持續開班授課，讓有心想學的人都學得到。

走路帶看做導覽，業務都是三峽通

走進北大學成店，皆會留下「這家店好親切」的印象，不只值班人員過來寒暄，其他人也會抬頭打招呼。黃品心的口頭禪是：「不管客人買不買，都可以做朋友。」業務受她薰陶，也熱情待客。

客戶除了當地人和投資客，還有兩類成員：一種是經濟能力較好的北大家長，買房給孩子住，順便分租給學生；另一種是為退休提前布局的高管或企業主，只在週末假日來小住，但打算退休後搬來定居。這兩類客戶對三峽不會太熟悉，北大學成店團隊個個是三峽通，能成為客戶的好幫手。

「我們走路帶看，一邊散步，一邊介紹周邊環境，讓客戶瞭解生活機能。團隊夥伴會用心瞭解在地，知道上哪裡買鮮魚、哪個市場的蔬果品質較高、哪所國小風評較好。雖然是小事，大家都放心上，希望幫助客戶入住得更順心。」

黃品心很容易和人打成一片，但她說，這是投身房仲業的另一番收穫。年輕時順風順水，加上反應機敏，以前她說話總是用命令句，容易帶給人壓力。當房仲後，她開始修正自己的語氣，並把語速稍微放慢，真誠面對客戶和其他同仁，慢慢便發現，原來自己可以變得這麼圓融。成為店東後，她的包容力更大了，對於業務的表現，會用鼓舞的態度來激勵他們。比起從前，她更喜歡現在的自己，朋友們也是。

黃品心笑聲朗朗，她的名言是：「我不要獨善其身，自己上臺領獎不過癮，我希望我的夥伴都能上臺領獎！」

如今，她的兒子也踏入房仲業，她很高興能給年輕人磨練的機會，更不時提醒團隊：「房地產，買的時候就要想到賣。請把這觀念傳達給你的客戶，記得之後，他們會受益良多。」

店東小檔案

黃品心

大家房屋　北大學成加盟店店東

手　　機　0936-112-653

入行起點　二〇〇九年

座 右 銘　專心比專業重要。

滿懷信心，大步向前。

楊玉鄉

臺東四維加盟店

與人為善正派經營，
她用創業惠自己也惠眾生

如同很多臺東孩子，為了讀書或就業而少小離家，有人愈走愈遠忘了來時路，有人在離開後思念日深，大家房屋臺東四維加盟店楊玉鄉店長就屬於後者。

楊玉鄉與另一半決定返鄉成家，若非找到的工作總是不合意，她不會突發奇想去做房仲，更不會因緣際會創業兩次。對於這一切，她感謝上蒼，以及一路走來的無數貴人。

誰說外向才行？善良是最好的特質

大家四維店在臺東房仲界名號響亮，擁有好口碑與高績效，楊玉鄉待人處世始終保持溫良恭儉讓，少有人不喜歡她，然而剛踏入這行時，幾乎沒人看好她。頭一次去房仲公司應徵，面試官驚訝地說：「妳是不是弄錯了？我們要找的是業務，不是行政喔！」等拿到錄取通知，興奮地告訴家人，先生用擔憂的眼神望著她，媽媽則安慰女婿：「放心，不到三個月她就回來了。」

世人總以為活潑、外向才適合做業務，楊玉鄉卻覺得善良是最好的特質。「在組織團隊時，我的選擇關鍵，是善良。我把道德看得最重，希望我的員工都是善良的，我的公司是善良企業。」

人才類型林林總總，成功模式不一而足，楊玉鄉只盼與自己同行的夥伴能夠理念相通，因此在選才時，她的心中有三把尺——

第一把尺「堅持踏實做事，實實在在做人」，她注重真誠與厚道，而非權謀與浮誇。

第二把尺「交易安全優先，成交利潤其次」，將客戶權益置

家

於自己之上是她的準則。

第三把尺「遵守職業道德，人品操守至上」，她想要打造一支有品有格的善良團隊。

她更教育團隊，花若盛開，蝴蝶自來，無論想當業務還是店東，養成習慣把每件事做到極致，自己就會成為最好的招牌。

房仲的商品是房子或土地，楊玉鄉所謂的「做到極致」，除了對商品的調查和瞭解、從交易安全把關，還包括將心比心、多替顧客設想、提供實用訊息讓顧客理性判斷。

保有慈悲心，教導出會感動的業務

「沒有業務不喜歡成交，成交時，除了為業績達標而開心，更別忘了關注買賣雙方的情緒。」楊玉鄉教育旗下業務，要用慈悲心看待人事物，多一點感同身受，當自己會感動，才有能力感動別人。

授課時，她常分享「吃香蕉會成交」的案例，鼓勵業務感知顧客的心情。八十多歲的退休老師認真整理一塊農地，期盼兒子返鄉在此建造農舍，這是父子間的約定。然而兒子退休後改變想法，打算進市區買房，便把這塊地委託出售。買方出價後，老爸爸、老媽媽遲遲不肯點頭，兒子只好請楊店東出面。

大致報告銷售情形後，老爸爸起身走了出去，楊玉鄉心想：「黃老師一定既生氣又難過。」十分鐘後，老人家遞給楊玉鄉一串香蕉，她瞬間想起多年前協助黃老師賣屋，也從他手上接過自家種植的香蕉，當年她笑咪咪地說：「黃老師，吃香蕉會成交喔！」隔天果然順利賣出。此刻，她明瞭老人家已妥協，便輕聲說：「黃老師，吃香蕉會成交喔！」老人家對她點點頭，露出淡淡的笑。

「為了成全兒子，老人家放棄自己的期望。我從這場交易裡，看見濃濃的父愛，我是被感動的。」

在教育課程中，她勉勵業務多充實專業知識，方能靈活對待每一份委託。例如幾年前有塊近六百坪的建地，地主自售多年無法賣出，楊玉鄉簽回專任約之後，儘管銷售冷清也會定期回報。當買方出現且表示只需一半面積，楊玉鄉跟地主商量：「要不要把土地分割？每塊地的金額小一點，比較容易成交，出售總價保證一加一大於二。」果如預期，分割後很快就賣出了。

珍惜教育訓練，讓團隊持續進步中

加入房仲那年，見到前輩們上臺領獎，楊玉鄉內心澎湃，告訴自己要見賢思齊；隔年度她以黑馬之姿，成為兩家店的總冠軍；第三年她當上主管，很快又成為老闆。首度創業成績斐然，她卻因壓力過大而頻繁失眠，最後決定以一年時間做好傳承，提前交棒退休。

楊玉鄉享受退休後的樂活生涯，每天插花、跳舞、讀書，看中醫調養身體。當健康一日日恢復，想工作的念頭萌生，老客戶又頻頻勸她重出江湖，於是促成二度創業。她本打算「小小做」，服務老顧客就好，孰料招牌還未樹立，只做登記備查，風聲就傳出去了，許多同行主動找她表明想加入團隊，就這樣，原

大
恭

本只打算運用一樓店面，不得不向上發展，把三個樓層全部用上。

身為店東，楊玉鄉最在意教育訓練，畢竟臺東能進修的課程不像北高那麼豐富。「只要公會開課，我必鼓勵員工去上，費用由公司支付；為提升團隊的專業知識，我定期請代書來店裡授課；每天三十至四十分鐘的早會，夥伴們一起做案件交流，由我講述成交技巧，出席率百分之百。」

「我第一次創業加盟住商，第二次創業加盟它的兄弟品牌大家房屋，這個系統滿足了我對專業知識、市場資訊和店東交流的渴求。」

在楊玉鄉心目中，「房仲是為他人成就美事，為土地做出貢獻，而且房子是有生命的，裡面裝載的是家和愛」。她的經營理念單純，她不介意聯賣，但介意惡性競爭，認為同行之間如若不能相互幫助，至少不應扯後腿。

「我相信念力會形成循環，我會帶著四維店團隊以慈悲善良的心，在房仲領域持續耕耘。」楊玉鄉給出溫柔但堅定的承諾。

店東小檔案

楊玉鄉

大家房屋　臺東四維加盟店店東
手　　機　0932-663-267
入行起點　二〇〇六年
座 右 銘　應當堅信，只要認真努力向前，肯定會有好結果；應當保持心情舒暢，滿懷信心，大步向前。

時報悅讀39
家的夢想，無限大：大家房屋的經營哲學

作　　者—大家房屋
照片提供—大家房屋
整　　稿—陳　程
責任編輯—廖宜家
主　　編—謝翠鈺
企　　劃—廖心瑜
資深企劃經理—何靜婷
美術編輯—張淑貞
封面設計—斐類設計工作室

董 事 長—趙政岷
出 版 者—時報文化出版企業股份有限公司
一〇八〇一九台北市和平西路三段二四〇號七樓
發行專線—（〇二）二三〇六六八四二
讀者服務專線—〇八〇〇二三一七〇五
（〇二）二三〇四七一〇三
讀者服務傳真—（〇二）二三〇四六八五八
郵撥—一九三四四七二四時報文化出版公司
信箱—一〇八九九　臺北華江橋郵局第九九信箱

時報悅讀網—http://www.readingtimes.com.tw
法律顧問—理律法律事務所　陳長文律師、李念祖律師
印刷—和楹印刷有限公司
初版一刷—二〇二一年八月十三日
定價—新台幣四二〇元
缺頁或破損的書，請寄回更換

時報文化出版公司成立於一九七五年，
並於一九九九年股票上櫃公開發行，於二〇〇八年脫離中時集團非屬旺中，
以「尊重智慧與創意的文化事業」為信念。

家的夢想，無限大：大家房屋的經營哲學 / 大家房屋作. -- 初版. -- 臺北市：時報文化出版企業股份有限公司, 2021.08
面；　公分. -- (時報悅讀；39)
ISBN 978-957-13-9066-6 (平裝)

1. 不動產經紀業 2. 企業管理

554.89　　　110008263

ISBN 978-957-13-9066-6
Printed in Taiwan